MÉMOIRES
DE LA
SOCIÉTÉ D'ETHNOGRAPHIE
RECONNUE COMME ÉTABLISSEMENT D'UTILITÉ PUBLIQUE

PRÉSIDENCE DE M. LÉON BOURGEOIS.

COMITÉ SINICO-JAPONAIS. — TOME XV.

BIBLIOGRAPHIE

DU

TAOÏSME

PAR D. MARCERON

suivie d'une

BIOGRAPHIE DES PRINCIPAUX SINOLOGUES, JAPONISTES
ET AUTRES SAVANTS ADONNÉS A L'ÉTUDE DE L'EXTRÊME-ORIENT

PARIS
ERNEST LEROUX, ÉDITEUR
28, RUE BONAPARTE, 28
1901.

SOCIÉTÉ D'ETHNOGRAPHIE

Reconnue comme Établissement d'utilité publique

COMITÉ SINICO-JAPONAIS

FONDÉ EN 1873

LISTE CHRONOLOGIQUE DES PRÉSIDENTS

1873. Léon de Rosny, ✳, I. ❦.

1874. † Éd. Madier de Montjau, Ⓐ, vice président.

1875. † Louis Rochet, ✳, ❦. vice-président.

1876. † Le comte de Montblanc.

1877. Le lieutenant Delaporte, O. ✳, vice-président.

1878. † Le comte de Montblanc.

1879. † Éd. Madier de Montjau, Ⓐ.

1880. Le Dr Legrand, vice-président.

1881. † Le marquis d'Hervey de Saint-Denys, ✳, vice-président.

1882. † Le comte de Montblanc.

1883. † Célestin Lagache, O. ✳, sénateur, vice-président.

1884. † Le comte de Montblanc.

1885. Le Dr Mène, O. ✳, ❦.

1886. Le Dr Thorel, ✳.

1887. † Le marquis d'Hervey de Saint-Denys, ✳, de l'Institut.

1888. Le Dr Legrand.

1889. † Ph.-Ed. Foucaux, ✳, professeur au Collège de France.

1890. † L'amiral Tcheou Meou-ki, ❦.

1891. † Charles Varat, ❦.

1892. Pierre Robbe.

1893. D. Marceron, ❦, Ⓑ, vice-président.

1894. Pierre Robbe.

1895. S. Bing, ✳.

1896. Le Dr Eug. Verrier, I. ❦.

1897. George Barclay, I. ❦.

1898. Ach. Gréverath, I. ❦.

1902. G. de Dubor, de la Bibliothèque Nationale.

SOCIÉTÉ D'ETHNOGRAPHIE

RECONNUE COMME ÉTABLISSEMENT D'UTILITÉ PUBLIQUE

MÉMOIRES

DU

COMITÉ SINICO-JAPONAIS

Seconde Série

TOME V.

(15e VOLUME DE LA COLLECTION COMPLÈTE)

MÉMOIRES

DE LA

SOCIÉTÉ D'ETHNOGRAPHIE

Reconnue comme Établissement d'utilité publique

TRAVAUX

DU

COMITÉ SINICO-JAPONAIS

SECONDE SÉRIE. — TOME CINQUIÈME

PARIS

AU BUREAU DE LA SOCIÉTÉ D'ETHNOGRAPHIE
28, rue Mazarine, 28
1898.

BIBLIOGRAPHIE

DU

TAOÏSME

Par D. MARCERON

Secrétaire du Comité Sinico-Japonais
Ancien élève de l'École des Langues Orientales
et de l'École des Hautes-Études.

SUIVIE
D'UNE

BIOGRAPHIE DES PRINCIPAUX SINOLOGUES,
JAPONISTES ET AUTRES SAVANTS
ADONNÉS A L'ÉTUDE DE L'EXTRÊME-ORIENT

PARIS
ERNEST LEROUX, ÉDITEUR
LIBRAIRE DE LA SOCIÉTÉ D'ETHNOGRAPHIE
28, rue Bonaparte, 28
1898.

SOCIÉTÉ D'ETHNOGRAPHIE

COMITÉ SINICO-JAPONAIS

FONDÉ EN 1873

LISTE CHRONOLOGIQUE DES PRÉSIDENTS

1873.　Léon de Rosny, ✳, I. ◉.
1874. † Ed. Madier de Montjau, Ⓐ, vice-président.
1875. † Louis Rochet, ✳, ◉, vice-président.
1876. † Le comte de Montblanc.
1877.　Le lieutenant Delaporte, O. ✳, vice-président.
1878. † Le comte de Montblanc.
1879. † Ed. Madier de Montjau, Ⓐ.
1880.　Le Dr Legrand, vice-président.
1881. † Le marquis d'Hervey-Saint-Denys, ✳, vice-président.
1882. † Le comte de Montblanc.
1883. † Célestin Lagache, O. ✳, sénateur, vice-président.
1884. † Le comte de Montblanc.
1885.　Le Dr Mène, O. ✳, ◉.
1886.　Le Dr Thorel, ✳.
1887. † Le marquis d'Hervey-Saint-Denys, ✳, de l'Institut.
1888.　Le Dr Legrand.
1889. † Ph.-Ed. Foucaux, ✳, professeur au Collège de France.
1890. † L'amiral Tcheou, ◉.
1891. † Charles Varat, ◉.
1892.　Pierre Robbe.
1893.　D. Marceron, ◉, Ⓑ, vice-président.
1894.　Pierre Robbe.
1895.　S. Bing, ✳.
1896.　Le Dr Eug. Verrier, I. ◉.
1897.　George Barclay, I. ◉.
1898.　Ach. Greverath, I. ◉.

DÉDICACE

A M. LÉON DE ROSNY

Cher Maître,

A qui mieux qu'à vous pourrais-je dédier un travail pour lequel vous m'avez prodigué et vos lumières et votre science ?

Vous avez été pour moi non-seulement un Maître, mais de plus un ami dévoué, dont les conseils ont ouvert à mon intelligence, à mon esprit navigant dans l'inconnu le plus profond, un horizon nouveau, des vues plus larges; enfin vous avez fait apparaître la lumière à mon entendement et vous avez refondu le vieil homme pour en reformer un nouveau.

Aussi, je ne saurais l'oublier, l'amitié d'abord

fera que ce que je vous dois ne s'effacera jamais de ma pensée, et si cette amitié que j'ai vouée à mon vénéré Maître venait à se refroidir, la reconnaissance la ranimerait avec plus de feu.

D. MARCERON.

16 mai 1898.

PRÉFACE

La Bibliographie que nous publions aujourd'hui sous les auspices du Comité Sinico-Japonais de Paris a été composée dans l'intérêt des hommes d'étude qui s'occupent des anciennes philosophies orientales et tout particulièrement de cette prodigieuse doctrine qui s'est formulée au fond de la Chine à l'époque contemporaine de Confucius, de Çâkya-mouni et de Pythagore, c'est à dire vers le VIIe siècle avant notre ère. La doctrine pour l'examen de laquelle nous avons réuni les titres de tous les travaux dont nous avons pu prendre connaissance, est communément désignés sous le nom de *Taoïsme*, c'est-à-dire doctrine du Tao, dont on attribue la création au philosophe Lao-tse. Nous n'avons pas la prétention, bien entendu, d'offrir au monde savant un travail complet et, malgré nos recherches, il est hors de doute qu'un grand nombre d'écrits relatifs à notre sujet nous seront restés inconnus. C'est d'ailleurs le sort de tous les essais bibliographiques qui se complètent peu à peu à la longue, sans jamais prétendre à ne pas présenter des lacunes.

Outre les livres, mémoires et articles relatifs au Taoïsme proprement dit, nous avons recueilli tous les titres que nous avons pu nous procurer d'écrits sur la singulière religion qui s'est en quelque sorte greffée sur les théories de Lao-tse en les dénaturant profondément et pour laquelle on a proposé le nom aujourd'hui communément admis de *Taosseïsme.*

Notre Bibliographie comprend deux grandes divisions principales : la première renferme les écrits européens, et la seconde les écrits orientaux, surtout Chinois et Japonais, qui ont été publiés sur la philosophie de Lao-tse, sur celle de ses disciples immédiats qui n'en ont pas encore tranformé le caractère, et enfin sur la religion des Taosse rattachée, comme nous l'avons dit, à l'enseignement de Lao-tse.

Notre manuscrit renfermait les titres de tous les ouvrages cités Chinois et Japonais avec leurs caractères originaux. A notre vif regret, nous avons dû nous borner à donner la transcription latine de ces caractères, et à faire usage seulement de ceux qui pouvaient nous permettre d'éclaircir quelques unes de nos notes explicatives.

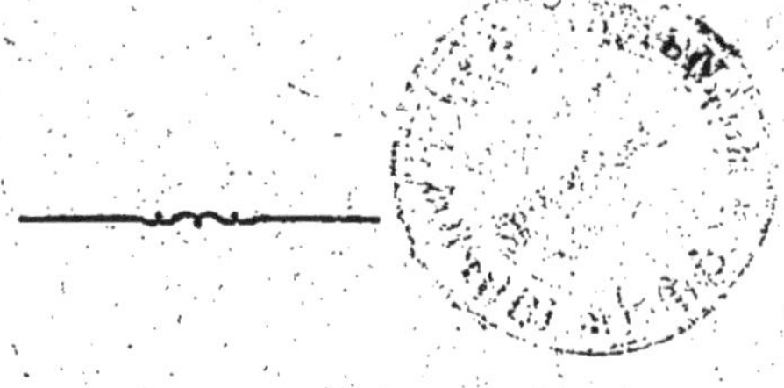

INTRODUCTION

La Chine antérieure au VIIe siècle avant J.-C. ne nous est connue jusqu'à présent que par les ouvrages de Confucius ou du moins par les livres antiques dont ils ne nous font connaître que ce qui était nécessaire à l'établissement des principes qu'il avait à cœur de répandre parmi ses compatriotes. On n'ignore pas les mutilations qu'il fit subir à tout ouvrage qui lui paraissait devoir corrompre l'esprit public ou contraire à l'enseignement dont il entrait dans ses vues d'établir les principes, puisqu'on rapporte que de plus de 3,000 pièces de vers recueillies dans ses voyages ou dans les archives royales des Tcheou, Confucius n'en conserva qu'un dixième (1). Des doutes, mais seulement des doutes, ont été soulevés sur l'exactitude de cette déclaration (2) énoncée en termes formels par le grand historiographe Sse-ma Tsien dans ses « Mémoires » que l'on considère avec raison comme l'une des sources les plus sûres de l'histoire ancienne de la Chine. Le célèbre annaliste Ngeou Yang-sieou va plus loin, disant et écrivant sans hésitation que le travail d'expurgation de Confucius n'avait pas seulement porté sur des suppressions de stances de vers, mais qu'il avait même

---

(1) Sse-ma Tsien, *Sse-ki*, livre XLVIL, p. 21.
(2) Legge, *Chinese Classics*, t. IV, part. I, p. 2.

consisté dans des falsifications volontaires de mots ou de caractères.

Ses livres publiés par l'école dite des Lettrés étant pour bien dire à peu près les seuls qui soient parvenus jusqu'à nous dans des conditions d'authenticité satisfaisante, il devient bien difficile, sinon impossible, de connaître l'état intellectuel de la Chine primitive dont nous ne pouvons de la sorte n'envisager qu'une seule face. Tout espoir ne doit cependant pas être perdu, et bien que Confucius ait pris le soin le plus minutieux à faire disparaître jusqu'à la moindre allusion au Taoïsme, la lecture de ses propres ouvrages nous révèle des traces de croyances presque en opposition avec celles qu'on peut rattacher à l'ensemble de la doctrine préconisée par les *King* (Livres Canoniques ou Sacrés). Ces croyances, de plus en plus discréditées dans les classes supérieures de la nation, avaient sans doute provoqué la réaction dont le *Tao-teh-king* nous donne un si remarquable exemple.

Or il y a lieu de croire (les preuves suffisantes manquent pour l'établir d'une manière définitive) qu'il existait en Chine avant le siècle de Lao-tse, une véritable littérature taoïste. Les écrits des successeurs immédiats de ce philosophe, ceux de *Lieh Yu-keou* et de *Tchouang-tcheou* tout particulièrement, contiennent des passages d'anciens auteurs qui professaient des opinions subversives aux yeux des partisans de la doctrine de Confucius. Les écrits des continuateurs de Lao-tse sont parfois émaillés de fines ironies et de critiques ardentes, et leur caractère en est indépendant, même parfois révolutionnaire. Lao-tse lui-même professait certaines doctrines que nos anarchistes modernes seraient loin de désavouer, tout en exprimant leur ébahissement d'apprendre qu'au VIe siècle avant notre ère leurs principes avaient un grand philosophe chinois pour précurseur.

Par la critique de certains passages des *King*, par l'examen d'un petit nombre de fragments d'anciens écrits taoïstes mentionnés par les successeurs immédiats de Lao-tse, on pourra se former d'abord une idée de la religion populaire sur laquelle s'appuyaient les Taoïstes contre leurs puissants rivaux les Confucéïstes, et subsidiairement, du mouvement de protestantisme religieux qui devait préparer l'éclosion de la philosophie du *Tao-teh king*.

Tous les efforts de Confucius pour effacer les vestiges de la vieille religion chinoise et plus encore ceux de la réaction taoïste, ne peuvent empêcher de reconnaître d'une part, que les cinq king proprement dits, n'appartiennent pas à un seul et même courant d'idées, et de l'autre, qu'il a été impossible à leur compilateur de cacher une foule de particularités qui trahissent l'existence chez les Chinois primitifs, d'un vaste polythéisme (1).

Un des cinq *King*, tout au moins le *Yih-king*, échappa au décret incendiaire rendu par l'empereur *Chi Hoang-ti*, sur la proposition de son ministre *Li-sse*, parce qu'il servait à l'enseignement de la magie fort en honneur alors. Peut-être aussi a-t-il été sauvé de la destruction parce qu'il se rattachait dans une certaine mesure à la doctrine taoïste devenue celle de l'État, sous la courte mais mémorable dynastie des *Tsing*. (2).

Le peu que nous pouvons comprendre du *Yih-king*, ce livre bizarre et énigmatique, suffit sans doute pour lui assigner une origine différente de celles des autres *King*, sans cependant en

---

(1) Edkins, *China Review*, 1884-85, p. 11.

(2) Plusieurs commentaires du *Yih-king* ont été classés parmi les livres taoïstes dans le Catalogue de la Bibliothèque Impériale de Péking. (Voy. *Sse-kou-tsiouan-chou kien-ming mouh-loh*, liv. XIV, pp. 64-65.

dire assez pour établir qu'il renferme des affinités certaines avec les théories fondamentales du taoïsme tel qu'il nous apparaît avec le livre de Lao-tse.

La doctrine taoïste repose essentiellement sur un mot, le 道 *tao*. Comment définir ce mot dont Lao-tse est le plus illustre représentant? C'est sur l'idée exprimée par *tao* que repose tout l'ensemble de son système. Ce mot a été littéralement rendu en chinois par « Voie » mais il a bien d'autres significations et il est à peu près intraduisible. Nous n'en n'avons d'abord pas l'équivalent exact en Europe pour les mêmes idées auxquelles il répond, et parcequ'en suite, il n'a pas été suffissamment défini par les taoïstes eux-mêmes et qu'il a prêté et prêtera des siècles peut-être encore à une foule d'interprétations différentes; il faut cependant essayer d'en donner sinon la synonymie du moins une explication dans des termes aussi précis que possible. Les écrits des orientalistes, mais aussi ceux des exégètes asiatiques sont remplis d'une multiplicité de valeurs différentes qu'on lui attribue. A une date encore assez récente, quelques orientalistes n'ont pas hésité à revenir sur les problèmes qu'ils avaient déjà posés et de soutenir la présence d'idées juives et chrétiennes dans les *King* et dans l'ouvrage fondamentale de la philosophie taoïste. En effet, depuis longtemps en Europe, les travaux des missionnaires de Péking avaient fait connaître le nom de Lao-tse, mais on s'était médiocrement occupé de sa doctrine quoiqu'on prétendit qu'elle s'appuyait sur la notion d'un Être-Suprême en trois personnes (2).

---

(1) *Nan-hoa king*, édit. japonaise, liv. v, p. 30.

(2) Montucci, *De studiis sinicis* (Berlin, 1868, in-4°, p. 19 et *Remarques philosophiques sur le voyage de M. Deguignes*, p. 24.

En 1842, dans la traduction du *Tao-teh king* qu'il fit paraître, Stanislas Julien attaqua non seulement les théories des missionnaires, qui avaient voulu voir l'idée de la Trinité dans l'œuvre de Lao-tse, mais encore celle d'Abel-Rémusat qui traduisait le mot Tao par « Raison » et le travail de G. Pauthier publié quatre ans auparavant, il n'en mentionne pas même l'existence. Selon Stanislas Julien, le mot *Tao* doit être rendu par « Voie », parce que cette acception est une de celles les plus habituelles dans la langue vulgaire ; elle résulte « clairement », dit-il, de plusieurs passages du texte même de Lao-tse. Du reste, cette conception de Tao n'a été reçue que par un très petit nombre de savants. Quoiqu'il en soit de l'opinion de Stanislas Julien et du baron d'Eckstein, la majeure partie des critiques du Taoïsme qui ont écrit depuis, ces derniers savants ont bien compris que traduire ce mot par « voie » est à une foule d'égards insuffisant. MM. le Dr James Legge, Mayers, Mgr de Harlez et Balfour montrent chacun leur hésitation à accepter une telle interprétation. L'abbé Callery se demande s'il ne faut pas adopter pour son explication « La Vérité Éternelle », et M. Victor von Straus n'hésite pas à interprêter le terme fondamental de la doctrine taoïste par « Dieu ». Enfin le sinologue Neumann, de Munich, croit qu'il faut renoncer à citer les autres valeurs qui ont été données du *Tao*.

Maintenant la parole est aux Chinois et à leurs dictionnaires, les meilleurs qu'ils ont publiés.

Le mot *tảõ*, dans la langue commune, comporte deux significations principales, il répond d'une part au substantif « route » et au verbe « parler ». Mais quoique ces significations occupent une large place dans le travail, dans l'œuvre de leurs lexicographes, il fallait en dégager l'interprétation philosophique et non point l'expression en usage dans la langue vulgaire. L'emploi de ce terme remonte aux époques les plus reculées de la littérature des peuples de race Jaune. Peut-être à l'origine n'avait-il qu'une seule valeur dans les diverses productions et manifestations de la pensée chinoise ; mais à l'époque de Lao-tse et de Confucius, il pouvait n'être pas entendu de la même manière par les hommes de lettres. Confucius n'attachait peut-être pas au mot la même valeur que son illustre contemporain Lao-tse. Le sens général du mot était unique, mais la portée que lui attribuait le Taoïsme était plus haute et plus profonde que celle qu'on lui donnait dans le langage du Confucéïsme.

Pour connaître les principaux sens donnés au mot *Tao*, le lecteur pourra se reporter au savant livre écrit par M. Léon de Rosny sous le titre de : *Le Taoïsme* (1).

C'est dans le chapitre xxv de son livre intitulé *Tao-teh king* que l'illustre philosophe paraît vouloir donner la principale explication de sa doctrine, et cette explication faut-il croire, n'a pas été comprise de la même façon par tous les sinologues. M. de Rosny nous fait connaître comment il a pensé en tirer parti (2).

> Il (le Tao) est une force indivise parfaite antérieure au
>   Ciel et à la Terre ;
> Sans forme ! Incorporelle !
> Établie solitaire et immuable
> Circulant partout, éternelle.

Cette force circulant partout, éternelle, n'est-elle pas là l'idée de Dieu ? (3).

Le Tao de Lao-tse exclut toute les hypothèses antropomor-

---

(1) Ernest Leroux, éditeur, Paris, 1892 ; in-8.

(2) Voy. dans les *Mémoires de la Société Sinico-Japonaise*, 1887, t. VI, p. 5.

(3) Voy. à ce sujet Morisson, dans ses *Horæ Sinicæ*, 1872, p. 63 (Paroles de l'empereur Sin-tsoung.)

phique. C'est quelque chose de bien plus élevé que le 天 *tien* ou « ciel » prétendu immatériel de Confucius.

Et plus loin, la pensée de Lao-tse est plus puissante encore, plus réfléchie. Le premier chapitre de son livre, admettant que l'on se décide à traduire par « Dieu » le mot *Tao*, commence comme suit :

> Le Dieu qu'on peut définir n'est pas le Dieu éternel ;
> Le nom qu'on pourrait prononcer n'est pas le nom éternel.
> Il est ineffable, en tant que principe du Ciel et de la Terre ;
> Il n'a de nom que lorsqu'il devient la Mère des Créatures ;
> En conséquence, Éternel Non-Être, il voulut apercevoir sa bonté
>   parfaite.
> Éternel-Être, il voulut apercevoir sa condition limitée ;
> Sa double nature s'est manifestée simultanément, mais le Verbe
>   n'a pas été le même.
> Dans sa synthèse, il s'appelle l'Insondable :
> Insondable et encore Insondable, il est la porte de toutes les per-
>   fections.

Dans ce passage et malgré le caractère libre de la version française, M. de Rosny croit avoir reproduit la pensée de Lao-tse (1). La discussion philologique de chaque terme confirme au besoin cette manière de voir et pourrait être acceptée par les exégètes indigènes les plus autorisés.

L'idée de Dieu telle qu'elle est énoncée dans le *Tao-teh king* fait évidemment le plus grand honneur au génie de Lao-tse. Lors de son apparition, l'idée de Dieu n'existait pas dans le monde oriental. Il est parvenu à le définir. « Le Dieu véritable, dit-il, ne peut être défini ». Voilà son affirmation. Cette idée de Dieu est énoncée sous une forme qui exclut toute hypothèse

---

(1) Traduction Léon de Rosny (*Le Taoïsme*, p. 96.)

d'anthropomorphisme et probablement tenterait-on en vain de s'exprimer à son égard, en termes plus affirmatifs et plus rigoureux. Dans le Tao, principe initiateur, tous les êtres duquel ils sont sortis doivent y rentrer. Il est la raison suprême qui règle l'évolution générale dans la nature et donne à cette évolution une finalité logique et nécessaire (1).

En résumé, le livre de Lao-tse nous montre très clairement sa puissante aperception de cette loi qui occupe et a déjà beaucoup occupé les esprits des temps antiques comme elle occupe les recherches de nos philosophes contemporains, la loi du Devenir appliquée à l'univers, mais de laquelle aperception il n'a pas su tirer les conséquences dont elle était susceptible, ni les bases d'un système général sur les lois de la vie et de la destinée. Ses théories incomplètes, il n'en est sorti aucun enseignement moral, pratique et religieux. L'histoire du Taoïsme depuis la disparition de son illustre fondateur justifie cette appréciation.

Le Tao se manifeste quelquefois par un dualisme semblable à celui qui a servi de base à beaucoup de vieilles conceptions religieuses plus ou moins complètes, philosophiques ; il n'a pas un caractère d'une unité constante. Lao-tse a poussé ce dualisme jusqu'à la conception trinitaire du principe créateur de l'existence et révèle une théorie où l'on suppose que les éléments de la création sortis de l'unité primordiale ont obtenu leur diversité par les forces d'un dualisme secondaire pour, finalement, aboutir à leur retour vers leur source au moyen d'une synthèse caractérisée par l'expression trinitaire.

Les Orientaux goûtent très fort ces sortes de spéculations

____

(1) Louis Buchner, *Force et Matière*, trad. A. Regnard, 1884, p. 274.

souvent, dangereuses ; aussi ce n'est pas par elles qu'il faut admirer la philosophie de Lao-tse qui, cependant, ne se montre nulle part aussi belle que là où elle se présente dans toute sa simplicité. C'est même dans son aveu d'impuissance si nettement exprimé par le vieux philosophe qu'on doit surtout reconnaître la noble ampleur de sa pensée.

*
* *

A l'époque du philosophe Lao-tse, c'était à peine si le Taoïsme avait le caractère d'un enseignement religieux. Tout au plus peut-on l'appeler une philosophie pratique adjointe à quelques rares maximes de l'ordre spéculatif ; et d'ailleurs les Célestes ont toujours répugné à se lancer dans ce qu'en Occident nous appelons « la métaphysique ». Il n'est pas inutile de faire remarquer que, dans aucune religion ancienne ou moderne, on a fait usage d'une sobriété égale de langage lorsqu'il s'est agi de parler du Créateur du monde et de l'Éternelle perfection qui le gouverne. Si, dans le *Tao-teh king*, on rencontre la notion de Dieu, elle manque à peu près dans le Confucéisme : elle y apparaît dépourvue de tout corollaires et de toutes superfétations tels qu'on en trouve dans la plupart des doctrines religieuses. Le Bouddhisme de la décadence n'a pu lui-même, échapper à ce système en créant une cour céleste et en peuplant le firmament de personnifications fantastiques et théâtrales. La raison aphoristique et si incontestable de Linné suivant laquelle tout s'enchaîne dans la Nature — *Natura non facit saltus* — nous permet peut-être de pressentir l'existence d'organismes supérieurs aux nôtres, intermédiaires entre l'homme et Dieu, comme elle nous en fait voir sur la terre ; mais là doivent s'arrêter nos vues ambitieuses sur l'immense domaine de l'inconnu, et malgré notre orgueil nous n'avons forcément qu'à nous arrêter et nous incliner.

En évitant l'écueil d'une déification anthropomorphique et mythologique compliquée en guise de cadre, la pensée du Taoïsme cherche, comme les anciens poètes et les Sages de la Grèce, à se construire, elle aussi, un édifice cosmogonique. Le Révérend J. Edkins qui trouve des traces d'une cosmogonie dans le livre de Lao-tse, la considère comme celle des premiers Chinois et en signale même la présence rudimentaire, il est vrai, dans le XLIIᵉ chapitre du *Tao-teh king* où il aperçoit la naissance du monde décrite suivant le principe de l'évolution (1). Ce chapitre cependant ne renferme guère que la déclaration suivant laquelle « Le Tao a produit 道生一 *un;* un a produit 二 *deux;* deux a produit 三 *trois,* et trois a donné naissance à tous les êtres (2) ». Il faut dire que cette déclaration a gagné un sens plus compréhensif par celui qui lui a été attribué par les commentateurs indigènes. Suivant l'un d'eux, *Sieh-hoeï,* le Maître a voulu dire que l'unité primordiale se divisa en deux principes, le principe mâle ou *Yang* et le principe femelle *Yin,* et de ces deux principes résulta « l'Harmonie » représentée par le nombre 三 *san,* trois (3).

Pourrait-on établir ou rattacher ces traces à peine visibles de la cosmogénie taoïste au système de *Taï-kih* qui nous représente, à l'aurore de la civilisation chinoise, une hypothèse sur

---

(1) J. Edkins, dans la *China Review,* 1884-85, p. 15.

(2) *Tao-teh king,* liv. XLII.

(3) Sieh-hoeï, cité par St. Julien, *Le Livre de la Voie et de la Vertu,* p. 159.

la création du monde ? Cela paraît assez difficile, car le *Taï-kih* est tout à la fois le premier mobile et le principe immatériel suprême, suivant *Tchou-hi* et quelques autres philosophes chinois.

En Chine, le Taoïsme sous l'empire d'une logomachie sans issue devait s'atrophier dès ses débuts, et le Confucéisme qui en fait également usage, se momifier sous les haillons de la décrépitude. Le Bouddhisme toujours armé de concepts puissants et toujours logiques, pouvait seul introduire dans les contrées habitées par la race Jaune, un élément vigoureux de réforme philosophique et religieuse. Il y a réussi dans certaine mesure, mais il s'est amoindri par les concessions qu'à maintes fois il a fait aux croyances routinières enracinées dans le cœur du peuple aux Cheveux-Noirs, bien avant l'époque de sa prédication.

Lao-tse laissait de côté le positivisme exclusivement terrestre adopté par le philosophe de *Lou*, son habile rival, mais ne faisait pas entrevoir, plus que celui-ci, des espérances d'outre-tombe. Un auteur chinois dit que les instructions de Confucius n'ont trait qu'à une seule vie sans jamais parler d'une condition future d'existence. Pour lui, l'âme n'existe donc pas ? Il paraît professer le plus pur et le plus large matérialisme, puisque le salaire de la vertu ne dépasse pas la somme d'honneur qu'on peut acquérir en ce monde, et la punition des fautes n'entraîne rien de plus, comme conséquence ultérieure au châtiment, que l'obscurité et la pauvreté du coupable et de sa famille.

Lao-tse avait une intuition vague, il est vrai, mais insuffisante de la continuité de l'âme ; et c'est faute de n'avoir point eu conscience de son immortalité que les continuateurs de ce grand Maître ont dû faire tomber le Taoïsme moderne dans les aberrations qui le caractérisent. S'ils n'ont pas eu conscience de l'immortalité de l'âme, ils ont eu foi du moins dans un moyen d'obtenir l'immortalité du corps (1).

Lao-tse ne professe pas le dogme de la perpétuité des êtres : il enseigne l'existence de deux âmes distinctes, une âme spirituelle et une âme sensitive ou matérielle (plusieurs écoles bouddhistes professent la même doctrine). Le passage du *Tao-teh king* où il est fait mention de ces deux âmes est très obscur et fortifie l'hypothèse qu'il ne nous est pas parvenu sans altération. Les anciens Chinois admettaient l'existence de deux âmes chez l'homme. Ces deux âmes s'appelaient l'une *Hoen* et l'autre *Peh* ou âme sensitive. La distinction, par respect traditionnel, s'est maintenue d'âge en âge. C'est ce respect traditionnel qui a toujours porté les peuples de race Jaune à préférer avec un religieux enthousiasme l'édifice vermoulu du passé aux constructions idéales de l'avenir.

On peut dire sans crainte d'aller trop loin que dans l'esprit même des écrivains indigènes, l'incertitude la plus profonde sur le véritable caractère qu'il convenait d'attribuer à ces deux âmes et sur l'usage qu'il y avait à faire de leur distinction pour éclairer d'un jour quelconque le problème de la vie et de la destinée humaine, n'a jamais fait l'objet d'une pensée ou d'une réflexion philosophique.

Dans les meilleurs dictionnaires chinois, on trouve que, pour définir ces deux termes, l'essence ou exhalaison du Ciel s'appelle *hoën*, tandis que celle de la Terre s'appelle *peh* (2). Ces deux termes désignent le principe spirituel et le principe matériel

---

(1) Le sentiment de l'immortalité de l'âme est cependant manifesté dans les écrits de Tchouang-tse et de Lieh-tse.

(2) *Hoeï-nan tse*, cité dans le *Peï-wen-yun-fou*, liv. XIII, p. 112.

(3) Voy. le dictionnaire *Pin-tse-tsien* au mot *Hoën*, p. 378.

qui coexistent dans l'individu. Le principe mâle *yang* ou du moins l'esprit de ce principe se meut et constitue le *hoën*, et la matière dépendant du principe femelle *yin* reste dans le repos et forme le *peh*. A la mort, *hoën* monte au ciel et le *peh* descend dans la terre.

Lao-tse, dans quelques rares passages du *Tao-teh king*, semble cependant avoir acquis la vague intuition d'une force directrice dans l'organisme, absolument spirituelle et douée d'une puissance active et continue même après la mort; mais, en tout cas, la fonction de l'âme relative à la destinée de l'homme n'y est précisée, affirmée nulle part. D'après Lao-tse, « tous les êtres ont été créés simultanément et doivent retourner à leur source première » ; leur retour constitue pour le *Tao* la faculté du mouvement. « Tous les êtres, dit-il, retournent au *Tao* comme les rivières et les ruisseaux des montagnes retournent aux fleuves et aux montagnes ».

Il y a d'autres passages dans le *Tao-teh king* se rattachant évidemment à la pensée du retour des êtres dans le *Pantos*, mais si vagues et d'une obscurité telle qu'il n'est guère possible d'en tirer parti sans abuser des ressources de l'exégèse et de l'ésotérisme; et nous concluons en énonçant encore cette théorie de Lao-tse que la suprême perfection et la fin des êtres consiste à revenir à l'état de nature, autrement dit, à la période primitive de l'instinct dégagé de tout raisonnement et de tout travail réfléchi et conscientiel.

Les divergences d'opinions entre les savants au sujet des rapports du Taoïsme et du Bouddhisme proviennent apparemment de l'incertitude qui règne sur la valeur de certains passages du *Tao-teh king* et de la facilité avec laquelle une même phrase de ce livre est souvent traduisible de plusieurs manières. Que l'on se donne la peine de lire les pages 114-117 du livre de

M. Léon de Rosny (*Le Taoïsme*) et on comprendra les difficultés inévitables qu'on rencontre pour établir une base quelconque sur la philosophie de Lao-tse.

*
* *

Peut-on rigoureusement soutenir et affirmer que le Taoïsme a disparu avec Lao-tse ? Cette affirmation serait téméraire puisqu'il n'est pas impossible au milieu du fastidieux fatras spéculatif qui caractérise l'œuvre de la plupart des écrivains de l'École du Tao, il ne serait pas impossible, disons-nous, d'y retrouver des traces d'un travail intellectuel de quelques mérite. Ce qu'on peut objecter c'est que, dans leurs livres, les idées les plus originales du *Tao-teh King* ont été amoindries plutôt que fortifiées, et que pas un n'a eu le savoir et l'intention nécessaires pour jeter les bases d'un système philosophique quelque peu homogène et encore moins pour en faire le point de départ d'un enseignement religieux. Quatre cents ans et plus avant l'ère chrétienne, la pensée fondamentale du Taoïsme était déjà dénaturée de la racine au faîte, et maintes fois elle avait subi une alliance bâtarde avec la doctrine des Lettrés et s'était jetée dans les pratiques de divination et de sorcellerie du plus bas étage. Sous le régime du farouche fondateur de la dynastie des *Tsin*, un siècle avant J.-C., la métamorphose était complète, à ce point qu'il est à peine possible de voir, dans le culte taoïste de cette époque, de véritables réminiscences des principes de Lao-tse.

Il n'est pas de marchandise sans étiquette et une fois le nom de Lao-tse inscrit sur leur bannière, les 道 士 Taosseïstes n'ont point hésité à déguiser, travestir le personnage qu'ils prétendaient reconnaître pour leur Maître, à reculer dans les ténèbres des temps les plus lointains, la date de son existence, à entourer son passage sur la terre de contes merveilleux, et ils ont donné, comme finale conséquente de leurs égarements philosophiques, l'apothéose à celui qui, vivant, n'avait jamais prétendu s'élever au-delà de la condition la plus modeste de philosophe.

Dans le but d'éblouir la foule ignorante, les taosseïstes inventèrent successivement plusieurs légendes fabuleuses ; des prodiges furent attribués à celui qu'on lui présentait comme le principal initiateur de sa foi et comme son puissant génie tutélaire. Selon ces légendes, Lao-tse naquit avant le Ciel et la Terre (1). Suivant d'autres, il vécut une première fois au XIVᵉ siècle avant J. C., une seconde fois trois siècles plus tard, une troisième fois à l'époque de Confucius (2). Sa Vierge-Mère le mit au monde après l'avoir porté dans son sein pendant soixante-douze années consécutives (y aurait-il eu pour lui des intermittences de prison et de liberté ?). Né avec des cheveux devenus blancs par suite des incessantes méditations qu'il avait faites pendant cette longue gestation ; il reçut le titre de 老子 *Lao-tse*, c'est-à-dire « l'Enfant-Vieillard ». Quant à son nom de *Li,* il le dût à ce que, sachant parler en venant au monde, il dit : « Je veux m'appeler *li* comme s'appelle cet arbre ». Par la suite, on lui décerna de pompeuses appellations honorifiques comme celle-ci, « le Très-Haut », « le Prince de la Porte d'Or », « le Vieux Philosophe neuf fois divin », « le Prince Vieillard », « le Docteur doué d'une grande longévité », et puis d'autres encore et qui encore seraient à traduire, mais comme celles qui précèdent, seraient du plus grand fastidieux.

---

(1) Stanislas Julien, *Le Livre de la Voie et de la Vertu,* p. XXIII.
(2) De Groot, *Les Fêtes célébrées à Émouï,* p. 720.

Lao-tse n'aurait pas uniquement composé le *Tao-teh king*
mais bien 930 livrés (vous avez bien lu neuf cent trente !), ni
plus ni moins, dans lesquels il a fait connaître les neuf amboi-
sies, les huit pierres merveilleuses, le vin d'Or, le suc du Jade,
l'art de ménager ses forces, de se délivrer du mal et de dompter
les démons. Sur les talismans seuls, il a écrit 70 volumes. Le
catalogue de tous ses ouvrages a été dressé par les soins des
sectateurs du Tao qui les recommandent à la vénération de
tous les fidèles.

Noublions pas cette autre intéressante légende sur le compte
du Maître qui nous apprend que Lao-tse, lorsqu'il partit pour
son dernier voyage, avait des dettes qu'il oublia de payer et
notamment les gages d'un domestique qui l'avait servi pendant
plus de 200 ans. (Quelle médaille de bons et loyaux services il
aurait obtenue chez nous !) Le pauvre diable courut en hâte le
rejoindre à la frontière pour lui réclamer le solde de son
compte. Le Vieux Philosophe n'avait pour le satisfaire d'autre
monnaie que quelques bons conseils accompagnés d'aménités,
d'admonestations bien senties. Puis, pour prouver à cet
excellent serviteur qu'il n'avait aucune rancune au sujet de sa
juste réclamation, il lui offrit d'être son cocher pendant le reste
de son voyage; ce que celui-ci déclina. Le Vieux Philosophe ne
put réprimer un mouvement d'impatience et transforma son
créancier en un tas de vieux os desséchés. Le garde-barrière
trouvant la punition un tant soit peu roide, implora la grâce
du misérable; et comme Lao-tse avait très bon cœur, il rendit à
la vie le susdit domestique en l'engageant toutefois à ne pas
renouveler sa demande : ce qui fut conclu et arrêté en un éclair
de temps et sans plus amples discours philosophiques (1).

-----

(1) Stanislas Julien, *Le Livre de la Voie et de la Vertu*, Préliminaires, pass.

Cette légende, qui ne devrait pas trouver place dans un travail sérieux, suffit pour montrer la voie dans laquelle se lancèrent les Taosséistes lorsqu'ils voulurent se servir du *Tao-teh king* pour en faire la base d'une religion populaire.

Seulement ils oublièrent que pour qu'une religion soit acceptée, faut-il au moins lui adjoindre une morale. C'était presque le défaut de l'œuvre de Lao-tse. Sa doctrine ne se préoccupait pas assez de la famille : elle tendait, même à la désorganiser et reléguait enfin sur un plan trop éloigné le culte des Ancêtres 祖 si cher aux Chinois et aujourd'hui la base de leur morale et la pierre d'assise de leur gouvernement patriarcal. Les Taoïstes auxquels il serait absolument injuste de refuser de larges aptitudes inventives, trouvèrent un moyen bien simple pour réussir. Il s'agissait de conclure la paix avec les Lettrés en s'adaptant quelques formules empruntées au canon confucéiste. Et comme une métaphysique plus complète devait avoir des chances de succès en Chine, ils ne manquèrent pas l'occasion de l'introduction du Bouddhisme pour l'obtenir. Pour cela faire, les Taosséistes s'approprièrent, sans hésiter, tout ce qui ne contrariait que peu leurs idées dans la doctrine de Çâkya-Mouni. Ils s'enthousiasmèrent surtout pour la liturgie et les pratiques du culte bouddhique ; et lorsque l'amalgame complet de Taoïsme, de Confucéisme et de Bouddhisme fut achevé, ils n'hésitèrent pas à soutenir que leur religion bâtarde était non seulement égale mais supérieure à celles de leurs concurrents.

On a quelque peu exagéré leurs sentiments de tolérance à l'égard de leurs adversaires dont cependant il est bon de tenir compte ; mais lorsqu'ils se sont aperçu de leur force, l'instinct de la domination ne les a pas laissés au dépourvu, et souvent ils se sont montrés persécuteurs dans toute l'acception du terme.

Ne l'ont-ils pas été suffisamment sous le règne de 世皇帝
Chi Hoang-ti, le fameux empereur incendiaire des livres confu-
céistes? Mais il faut ajouter que, sous l'empereur mongol *Koubilaï*, ils subirent une terrible réprésaille. Ce monarque ordonna de
livrer aux flammes tous les écrits de leur secte, à l'exception
seule du vénérable livre de Lao-tse; mais le décret ne fut heu-
reusement pas mis à exécution (1). La fortune dont les Taossés
avaient joui précédemment, les riches propriétés qu'ils avaient
acquises sur le territoire chinois leur avaient suscité de nombreuses jalousies; le dévouement de *Koubilaï* au Bouddhisme,
donna aux haines cachées le moyen de se manifester au grand
jour. Les persécutions n'allèrent pas jusqu'à l'effusion du sang.
La persévérance leur fit reconquérir le libre exercice de leur culte
et ils se répandirent de nouveau dans diverses contrées du
Céleste-Empire, en Corée et au Japon, où ils ne firent du reste
que peu de prosélytes. La famille qui règne aujourd'hui sur la
Chine, celle des *Tai-tsing* « Les Très purs », publia des ordon-
nances au sujet de l'extension donnée à leurs couvents et à leur
population. On réglementa l'organisation intérieure dans leurs
monastères, mais souvent ces règlements furent impuissants à
arrêter les Taoïstes dans la voie dangereuse où ils avaient certaine propension à se lancer.

Le Taosseïsme était un instrument plutôt propre à abrutir
les esprits qu'à rectifier les mœurs, ouvrir et accroître les
intelligences : il fallait s'en servir pour la construction d'un
vaste empire religieux. Un clergé fut établi ayant à sa tête un
véritable souverain-pontife. De tous côtés s'élevèrent des monastères. Les prêtres intervinrent dans chacune des circonstances
solennelles de la vie domestique; ils offrirent leurs bons offices

---

(1) Léon de Rosny, *Variétés Orientales*, p. 173.

au peuple, à la naissance, au moment du mariage et aux derniers instants de la vie. On promit enfin aux adeptes fervents la richesse (1) et le breuvage de la longévité (2). Lao-tse avait écrit cependant : « Augmenter la durée de la vie n'est pas un bonheur » (*Tao-teh king*, ch. LV).

C'est au moyen de tous ces procédés que le Taoïsme devint l'une des religions les plus populaires en Chine et qu'aujourd'hui encore elle occupe une place dont on ne peut nier l'importance dans le 中 國 Royaume du Milieu. Malgré leurs grossières promesses, leurs brillantes cérémonies théâtrales même et jusqu'à leurs exorcismes qui devaient avoir un écho séduisant parmi les masses, cela ne signifie point que les Chinois professent une foi solide dans l'enseignement taoïste. Loin de là : ils sont parmi l'humanité, les hommes qui subissent le plus les atteintes corrosives du scepticisme (3).

Aux époques de critique durant lesquelles toutes choses étaient remises en question, les dogmes comme le reste, le Taoïsme dût subir l'épreuve lui aussi. Alors il puisa dans les philosophies de Lao-tse, de Confucius et de Çakya-mouni un aliment pouvant servir au besoin de discussion et d'exégèse des esprits cultivés. Par ce fait, il put accomplir chez les Taoïstes une certaine somme de travail intellectuel.

C'est alors que la religion fondée sur la philosophie de Lao-

---

(1) Jon. Jonston, *Naturae Constantiae*. Amsterdam, 1632, p. 81.

(2) Castera, *Voyage dans l'intérieur de la Chine de Lord Macartney*, t. IV, p. 302.

(3) A l'époque des Tang, dit le marquis d'Hervey de Saint-Denys, la Chine n'était pas plus bouddhiste qu'elle n'était mahométane ou chrétienne, le scepticisme y régnait alors comme il y règne universellement aujourd'hui. (*Poésies de l'époque des Tang*, Introduction, p. XXXVIII).

tsé fit plus qu'elle ne l'avait fait, des emprunts à la grande doctrine indienne. L'ascétisme bouddhique prima complètement l'ascétisme taoïste. La croyance à la vie future et à la métempsychose prit des allures plus conformes à la manière de voir de l'École du Bouddha indien. On enseigna des pratiques toutes nouvelles. On parla de la vie astrale réservée aux Saints (1).

Le P. Amyot, missionnaire en Chine, dit, dans les *Mémoires concernant les Chinois* (t. V, p. 56) : « Si l'on manque en Europe de mémoires sur la faiblesse humaine, les entêtements des sectaires, les fureurs de l'esprit de parti, les délires de la crédulité, les ridicules de la prévention, l'alliage inconcevable de la folie, de la vertu et du vice, on a raison de vouloir connaître les taossés. Leurs doctrines, leurs mœurs touchent à la fois au sublime et à la démence, à l'héroïsme des vertus et aux vices les plus abjects. »

Avec un tel désordre intellectuel et moral, le Taoséisme, ne devait et ne pouvait aboutir qu'à la culture des théories les plus fausses, les plus abrutissantes, malgré leur prétendue culture de la philosophie de Lao-tse.

Selon la doctrine de ce philosophe, le bonheur consistait à l'affranchir des soucis et des inquiétudes de la vie. L'interprétation en fut des plus simples ; pour éviter ces désagréments, il n'y avait rien de mieux que de devenir riche, et pour obtenir la fortune, il n'y avait rien de mieux que de s'adresser aux prêtres qui, parait-il, connaissaient l'art de fabriquer l'or artificiellement. Le grand art était donc de s'adresser à eux et de se rendre digne de leurs faveurs. Il faut avoir recours à leurs exorcismes très efficaces pour rendre captifs les esprits infernaux les plus rebelles et les plus épouvantables.

---

(1) De Groot, *Les Fêtes célébrées à Émoui*, pp. 696, 706 et 709.

Par tous ces procédés, les taosséistes sont arrivés à plonger dans l'empire chinois de nombreuses et profondes racines. Les succès incroyables de leurs pratiques de magie ont leur point de départ dans *Tchi Soung-tse* et on en trouve le développement dans les œuvres de *Wei Peh-yang, Siou-che, Li Chao-kiun* et autres.

Leurs prêtres font usage, à la fin du XIXe siècle, d'un vaste système d'incantations et de sortilèges qui a commencé à être mis en pratique par leur fameux pontife *Tchang Tao-ling* et qui se continue de nos jours par l'intermédiaire de *Keou Kientcha* (1).

Serait-il hors de propos de faire ici une simple digression au sujet de toutes ces pratiques de divinations d'incantations, de sortilèges, d'envoutage, etc., pratiquées par les Taoïstes même de nos jours? Nous Occidentaux dits chrétiens, libres-penseurs, sceptiques, athées, avons-nous bien beau jeu à critiquer ces pratiques nées dans une semi-barbarie asiatique, lorsque, esprits éclairés comme nous le prétendons et le crions par-dessus les toits, nous croyons encore à la vertu de la double-vue, aux prophéties les plus abracadabrantes de nos pythonisses de tous étages? Ne voit-on pas de nos jours nos esprits forts se précipiter dans les modestes antichambres de telle et telle prophétesse, devineresse, nécromancière, de tous les consulteurs en jupons en un mot, pour connaître les secrets de l'avenir que ces sybilles ne peuvent connaître pour elles-mêmes? Soyons indulgents pour les pauvres hères de la race Jaune auxquels une instruction, une éducation moins rafinées que la nôtre n'ont

---

(1) Wylie, *Notes ou Chinese Literature*, p. 173; Carlo Puini, *Il Bouddha, Confucio e Lao-tse*, p. 453.

peut-être pas rendu le cerveau assez développé pour comprendre la sottise et le creux de toutes ces farces de tréteaux.

Au point de vue politique, il faut regarder le Taosséisme comme un élément de division et de décadence sociale au sein de la monarchie caduque et chancelante des Chinois. Les nombreux adhérents de cette secte doivent être considérés comme une population dégradée, n'ayant pas conscience d'elle-même et incapable de résister au despotisme sous quelque forme qu'il se présente pour la dominer et l'asservir.

Comme conclusion, le Taosséisme n'est qu'une vulgaire religion de bas étage qui n'a pas su comprendre le développement de la philosophie sur laquelle il a voulu asseoir sa base. « Il ne s'est point proposé d'autre but, dit l'éminent professeur Severini, que de perpétuer le faible souffle de la vie, et au milieu de ses disputes oiseuses sur les devoirs du citoyen, il n'a pas possédé une ombre de ces bonnes qualités qui font l'homme utile à l'homme (1) ».

Le Taosséisme compte cependant un nombre considérable d'adeptes. Par le fait du contact des Européens, une telle croyance ne saurait survivre longtemps encore à l'assaut des idées de critique qui sapent d'une façon si formidable des religions bien autrement rationnelles et civilisatrices. Alors l'Église du successeur de Tchang Tao-ling se verra contrainte de s'associer, au moins dans certaine mesure, au mouvement réformateur de l'esprit moderne, ou bien elle sera condamnée à disparaître.

Comme conclusion à ce qui vient d'être écrit, j'ajouterai quelques réflexions qui découlent simplement et tout naturel-

____

(1) Antelmo Severini, *Tre Religioni giudicate da un Cinese*, pp. 14-15.

lement de ce qui précède au sujet des principes qu'il énonce touchant la morale et le devoir.

Le devoir du Sage appelé à gouverner un pays, y est-il dit, est de maintenir ses habitants dans l'ignorance et la simplicité originelle, principes que l'on croirait avoir été sucés chez nous au Moyen-Age dans le lait taoïste.

Les saints rois de l'Antiquité, est-il dit dans le *Tao-teh king*, ne pratiquaient pas d'autre système. Le savoir et la recherche de l'inconnu troublent l'homme et lui retirent le calme de l'esprit. Lao-tse a horreur de la science. Se plaçant, sous ce rapport, au point de vue de Saint-Augustin (1), la science n'a pour résultat que de faire naître l'orgueil et la vanité.

Si Lao-tse avait eu à gouverner un petit état, sa première préoccupation eut été de soustraire à son peuple tous moyens de s'intruire. Il aurait prohibé l'usage de l'écriture et n'aurait permis d'employer comme moyen mnémonique que les cordelettes à nœuds dont se servaient les premiers Chinois.

Lao-tse condamne la guerre. Si le pays qu'il aurait gouverné avait possédé des armes, ne fût-ce que pour dix ou cent hommes, il aurait empêché qu'on s'en servit, parce que les armes sont des instruments que les hommes détestent.

D'un esprit profondément prolétaire et parfois presque anarchiste, Lao-tse se montre assez dur pour les institutions royales de son temps. « Dans la haute antiquité, dit-il, le peuple savait à peine s'il avait des rois; plus tard il les aima et leur prodigua

---

(1) Sciencia inflat; caritas œdificat (*Cité de Dieu*, livr. IX, chap. 20. Suivant Hoaï-tse, c'est le désir immodéré du savoir qui a perdu le genre humain. (*Mémoires*, t. I, p. 107). Lo-pi dit à son tour : « Lorsque l'homme eut acquis la science, toutes les créatures devinrent ses ennemis ».

des louanges; plus tard encore, il les craignit; à la fin, il les méprisa (1) »

Comme les plus grands instituteurs religieux de l'humanité, comme Bouddha et Jésus, bien que dans une mesure plus faible et moins formelle, Lao-tse est hostile à la fortune, communiste. Il eut volontiers énoncé la célèbre parole de Proudhon : «La propriété, c'est le vol ». Ne dit-il pas en effet : « Si les palais des rois sont somptueux, les champs sont incultes et les greniers sont vides. Lorsque les premiers, armés d'un glaive tranchant, se revêtent de riches étoffes, lorsqu'ils se rassasient de mets savoureux, lorsqu'ils regorgent de richesses, ce sont des voleurs (2). »

Nous pourrions augmenter cet appendice consacré à l'introduction du Taoïsme en rappelant une foule de principes émis par les deux plus grands disciples de Lao-tse, Lieh-tse et Tchouang-tse. Notre table bibliographique comblera quelque peu cette lacune et nos lecteurs trouveront les commentateurs et auteurs chinois mentionnés dans la dite table.

---

(1) *Tao-teh king*, ch. XVII. — Voy. aussi ch. XXV, tout en se rappelant que les contradictions et les paradoxes ne sont pas rares dans le livre de Lao-tse, interprété comme le veulent les principaux commentateurs chinois (Cf. par exemple, les deux premiers aphorismes du ch. LXX).

(2) *Tao-teh king*, ch. LIII. — Le philosophe Meh-tih, célèbre antagoniste de Mencius, qui vécut au Ve siècle avant notre ère et professa la doctrine de l'Amour Universel, a dit : « Si chaque homme regardait la maison des autres comme sa propre maison, qui aurait la pensée de voler ? » (*Meh-tse*, édit de 1757, livr. II, p. 7).

BIBLIOGRAPHIE
DU TAOÏSME

DIVISIONS

A. — OUVRAGES EUROPÉENS

1. — Livres et Brochures (par ordre chronologique).
2. — Ouvrages renfermant des documents sur le Taoïsme.
3. — Périodiques (Articles publiés dans les recueils).

B. — OUVRAGES ORIENTAUX

1. — Ouvrages Chinois.
2. — Ouvrages Japonais.
3. — Ouvrages en diverses langues asiatiques.

BIBLIOGRAPHIE

DU

TAOÏSME

A. — OUVRAGES EUROPÉENS

PARTIE I. — LIVRES ET BROCHURES

Dans cette première partie, nous avons réuni les titres des ouvrages ou brochures spécialement consacrés à la doctrine philosophique de Lao-tse, fondateur du Taoïsme chinois et de ses successeurs immédiats Tchouang-tse, Lieh-tse, etc. — Les articles publiés dans des livres non exclusivement composés en vue du Taoïsme, ainsi que les articles insérés dans des recueils périodiques (Revues, Bulletins de Sociétés savantes, Journaux, etc.), forment l'objet de deux parties spéciales de cette *Bibliographie du Taoïsme*, parties insérées immédiatement avant le Catalogue des documents orientaux, chinois et autres, relatifs à la philosophie de Lao-tse, à celle de ses disciples et enfin à celle des taosseïstes qui ont dénaturé les théories du Maître (大 上),

dans le but de fonder en Chine une religion en concurrence avec le Confucéisme et avec le Bouddhisme.

1816. — Le Livre des Récompenses et des Peines, traduit du chinois avec des notes et des éclaircissemens, par ABEL-RÉMUSAT. *Paris*, 1816. — In-8º   [1

1823. — Mémoire sur la vie et les opinions de Lao-tseu, philosophe chinois du VIᶜ siècle avant notre ère, qui a professé les opinions communément attribuées à Pythagore, à Platon et à leurs disciples, par ABEL-RÉMUSAT. *Paris*, Impr. Roy, 1823. — In-4º.   [2

1831. — Mémoire sur l'origine et la propagation de la doctrine du Tao, fondée par Lao-tseu, traduit du chinois et accompagné d'un commentaire tiré des livres sanscrits et du Tao-te-king de Lao-tseu établissant la conformité de certaines opinions philosophiques de la Chine et de l'Inde, par G. PAUTHIER. *Paris*, Dondey-Dupré, 1831. — In-8º.   [3

1831. — Lettre adressée au rédacteur du Journal Asiatique, par M. PAUTHIER, relativement à une critique de son Mémoire sur l'origine et la propagation de la doctrine du Tao. *Paris*, Impr. Roy, 1831. — In-8º.   [4

1831. — The Catechism of the Shamans, translated from the Chinese, by Fried. NEUMANN. *London*, Oriental Translation fund, 1831. — Gr. in-8º.   [5

1835. — Le Livre des Récompenses et des Peines, en chinois et en français, accompagné de quatre cents légendes, anecdotes et historiettes qui font connaître les doctrines, les croyances et les mœurs des Taoïstes. Traduit du chinois par Stanislas JULIEN, membre de l'Institut. *Paris*, Printed for the Oriental Translation fund, 1835. — In-8º, pp. 16-551.   [6

1838. — Le *Tao-te-king* ou le Livre révéré de la Raison suprême et de la Vertu, par Lao-tseu. Traduit en français et publié pour la première fois en Europe, avec une version latine et le texte chinois en regard, accompagné du Commentaire complet de Sié-hoeï, d'origine occidentale et de notes tirées de divers commentateurs chinois, par G. Pauthier. *Paris,* Dondey-Dupré, 1838. — Gr. in-8º. [7

Ce premier essai de traduction du 道 德 經 *Tao-teh-king,* ouvrage fondamental de la doctrine taoïste composé par le philosophe 老 子 *Lao-tse,* ne comprend que la première livraison de l'ouvrage qui n'a pas été terminé par Pauthier.

1842. — *Lao tseu Tao te king.* Le Livre de la Voie et de la Vertu composé dans le VIᵉ siècle avant l'ère chrétienne par le philosophe Lao-tseu, traduit en français et publié avec le texte chinois et un commentaire perpétuel, par Stanislas Julien. *Paris,* Imp. Roy., 1842. — In-8º. [8

1850. — De la Métaphysique de Lao-tseu, par Nic. Muller. *Tirlemont,* 1850. — In-8º. [9

1856. — *Yin-tchi-wen.* Le Livre de la Récompense des Bienfaits secrets, traduit sur le texte chinois, par Léon de Rosny. *Paris,* Impr. Carion, 1856. — In-8º. [10

1867. — Tre Religioni giudicate da un Cinese. Volgarizzamento di Antelmo Severini. *Firenze,* Tip. Fodratti, 1867. — In-8º. [11

Par « les Trois Religions (三 教 *San Kiao*) », il faut entendre le Confucéisme, le Taoïsme et le Bouddhisme.

1868. — The Speculations on Metaphysics, Polity and Morality, of « The Old Philosopher » Lau-tsze, translated from the

Chinese, with an Introduction, by John CHALMERS. *London*, Trübner, 1868. — In-8º.   [12

1869. — Lao-tsze. A study in Chinese Philosophy, by T. WALLERS. *Hong-kong*, China Mail Office, 1869. — In-8. [13

1870. — Lao-tsè *Tao-teh-king*. Der Weg zur Tugeng, aus dem chinesischen ubersetzt und erklært, von Reinhold VON PLAENCKNER. *Leipzig*, F.-A. Brockhaus, 1870. — In-8º. |14

1870. — Lao-tsè's *Tao-teh king*, aus dem chinesischen ins deutsche übersetzt, eingeleitet und commentirt, von Victor VON STRAUSS. *Leipzig*, Fredrich Fleischer, 1870. — In-8º. [15

1874. — Die Ethik Lao-tse's mit besonderer Bezugnahme auf die buddhistische Moral, von WILHELM ROTHERMUND. *Gotha*, 1874. — In-8º.   [16

1878. — Il Buddha, Confucio e Lao-tse : Notizie e Studii intorno alle Religioni dell'Asia Orientale, di Carlo PUINI. *Firenze*, Sansoni, 1878. — In-12. |17

1879. — Introduction to the science of China religion, by Ernst FABER. *Canton*, 1879. — In-8º |18

1880. — The Religions of China, Confucianism and Taoism described and compared with Christianity, by James LEGGE. *London*, Hodder and Stroughton, 1880. — In-12.   [19

1881. — The Divine Classic of *Nan-hua*, translated from the Chinese, by BALFOUR. *London*, 1881. — In-8º. |20

1884-85. — Lao-tse, le premier philosophe chinois, un prédécesseur de Schelling : le Livre du principe lumineux et du principe passif *Shang-thsing-tsing king*. Traduction et introduction, par C. DE HARLEZ. *Bruxelles*, 1884-85. — Deux Mémoires in-4º. |21

1885. — Le Livre du Principe Lumineux, par C. DE HARLEZ. *Bruxelles*, 1885. — In-8º. [22

1886. — Chinesische Begründungen der Taolehre, von Dʳ August PFIZMAIER. *Wien*, 1886. — In-8º. [23

1887. — Der Naturalismus bei den alten Chinesen, oder die sæmmtlichen Werke des Philosophen Licius, zum erst male übersetzt und erklært, von Ernst FABER. *Elberfeld*, 1887. — In-8º. [24

1889. — Confucianism and Taouism, by Rob.-K. DOUGLAS, with Map. *London*, 1889. — In-8º. |25

1889. — The life and teachings of Lao-tse, by G. VON DER GABELENTZ. *Shanghai*, 1889. — In-8º. [26

1891. — Textes taoïstes, traduits des originaux chinois et commentés, par C. DE HARLEZ. *Paris*, Ern. Leroux, 1891. — In-4º. |27

Forme le tome XX des *Annales du Musée Guimet*.

1891. — The Sacred Books of China. The texts of Taoïsm, translated by James LEGGE. *Oxford*, 1891. — In-8º. [28

1892. — Le Taoïsme, par LÉON DE ROSNY. Avec une Introduction par AD. FRANCK, de l'Institut. *Paris*, Ern. Leroux, 1892. — In-8º. [29

1898. — Lao-tze's Tao-teh-king, Chinese-English, with Introduction, transliteration and notes, by Dʳ. Paul CARUS. *Chicago*, 1898. — In-8º. |30

PARTIE II. — OUVRAGES RENFERMANT DES DOCUMENTS
SUR LE TAOISME

On comprendra aisément que nous n'avons pas eu l'intention, dans cette seconde partie de notre *Bibliographie du Taoïsme*, de citer tous les ouvrages dans lesquels il est traité d'une manière plus ou moins étendue de la grande doctrine du philosophe Lao-tse et de ses disciples ; mais nous avons pensé faire une chose utile en mentionnant les livres les plus importants dans lesquels cette doctrine a été l'objet de «chapitres ou d'articles spéciaux ».

Abel-Rémusat. — Mélanges Asiatiques ou Choix de morceaux de critique et de Mémoires relatifs aux religions, aux sciences, aux coutumes, à l'histoire et à la géographie des nations orientales. *Paris,* Dondey-Dupré, 1825. — Deux vol. in-8º.

Sur la vie et les opinions de Lao-tseu, philosophe chinois du VIe siècle avant notre ère (tome I, pages 88-99).   [28

Amiot, Missionnaires de Péking. — Mémoires concernant l'histoire, les sciences, les arts, les mœurs, les usages, etc. des Chinois, par les — . *Paris,* Nyon, 1776-1884. — Seize vol. in-4º, avec planches.   [29

Lao-tsee, philosophe de Chine, originaire du royaume de *Tchou,* aujourd'hui la province de *Hou-koang,* et qui vivait sous le règne de *Ting-ouang,* de la dynastie du Tcheou, vers 604 av. J. C. (t. III, p. 38).

Les sectateurs de Lao-tsee sont aujourd'hui très nombreux en Chine (t. I, pp. 32 et 300).

Lao-kiun, fondateur de la secte des Tao-ssee (t. V, p. 49).

Maximes de Lao-tsée sur les moyens d'être heureux (t. IX, p. 94).
L'époque de la grande vogue des Tao-sée en Chine (t. VIII,
p. 60).
Cong-fou, posture des Tao-sée (t. IV, pp. 441-448).

Bazin. — Le siècle des Youèn, ou Tableau historique de la
Littérature Chinoise depuis l'avènement des empereurs Mongols jusqu'à la restauration des Ming. *Paris,* Impr. Nationale, 1850. — In-8º. [30
§ 14. — *Tao-kia-loui.* Doctrine du Tao. Tableau comparatif
des principaux ouvrages sur la doctrine du Tao, publiés
depuis les Song jusqu'à nos jours (p. 99).

Edkins (J.).— Religion in China, containing a brief account of the
three Religions of the Chinese. *London,* 1884.— In-8º. [31

Giles (H.-A.). — Chuang-tsu, mystic, moralist and social
Reformer, by H.-A. Giles. *London,* 1888. — In-8º. [32

Groot (J.-M. DE). — Les fêtes célébrées à Émoy. — In-4º.
Voy. pp. 696, 704, 706, 719 et 720. [33
The Religious systems of China, its ancient forms, evolution,
history and present aspect, customs and social institutions
connected therewith. *London,* 1892, in-4º, avec 11 planches.

Grosier (l'abbé). — Description générale de la Chine, ou
tableau de l'état actuel de cet empire. *Paris,* Moutard, 1785.
— In 4º. [34
Seconde partie. — CHAP. II. — De la religion des Chinois. —
Secte des Tao-sée.

Happel (J.). — Les Religions de la Chine. Aperçu historique
et critique. *Leipzig,* 1891. — Gr. in-8º. [35

Johnson (Samuel). — Oriental Religions and their relation to Universal Religion. *Boston*, James Osgood and C°, 1877. — Deux vol. in-8°.   [36

>   Dans le tome II, on trouve des développements sur le philosophe Lao-tsze, sur le Taoïsme et sur la secte des Taosseistes.

Klaproth (J.). — Chrestomathie Mandchou, ou Recueil de textes Mandchou, destiné aux personnes qui veulent s'occuper de l'étude de cette langue. *Paris*, Imp. Roy., 1828. — In-4°.   [37

Livre des récompenses et des peines, de *Taï-Chang* (texte, p. 25; traduction, p. 211).

Livre des récompenses et des bienfaits secrets, par *Dzu-toung giun* (texte, p. 37).

Mémoire sur l'Esprit du Foyer, par *Yu-goung* (texte, p. 48).

Morrison (Robert). — Horæ Sinicæ : Translations from the popular Literature of the Chinese. *London*, Black, 1812. — In-8°.   [38

Account of the sect Tao-sse, from the rise of this sect. (Nouv. édit., pp. 166-170).

De l'idée de Dieu; paroles à ce sujet de l'empereur Jin-tsoung (p. 63).

— A View of China, for philological purposes :containing a Sketch of Chinese Chronology, Geography, Government, Religion and Customs; designed for the use of persons who study the Chinese Language. *Macao*, Thoms, 1817. — In-4°.

Sur le mariage des ministres du culte taosseiste, (pp. 55 et 113).

Pauthier (G.). — Chine, ou Description historique, géographique et littéraire de ce vaste empire, d'après les documents Chinois. Première partie, comprenant un Résumé de l'histoire et de la civilisation chinoise depuis les temps les plus reculés jusqu'à nos jours. *Paris*, Firmin Didot, 1837. — In-8°, pl. (De la collection de l'*Univers pittoresque*). [39

Époque des philosophes chinois Lao-tseu et Khoung-tseu (p. 110). — Notice sur Lao-tseu et sa philosophie (p. 111). Honneurs rendus à Lao-tseu (p. 301). — Persécution contre la secte des Tao-sse (p. 369). — Le breuvage de l'immortalité (p. 398).

Pavie (Théodore). — Choix de contes et nouvelles, traduit du chinois. *Paris*, Benjamin Duprat, 1839. — In-8°. [40

Les Renards-Fées, conte tao-sse (p. 205).

Réville (Albert). — La Religion Chinoise. *Paris*, Fischbacher, 1889. — In-8°. [41

Chap. xii. — Lao-tseu et le Tao-té-king. — Lao-tseu est un personnage historique. — Livres à consulter. — Ce qu'on sait de Lao-tseu. — Son entrevue avec Confucius. — Sa retraite finale. — Sa légende. — Doctrine du renoncement au monde. — Le Tao. — Le Gardien du passage. — Le serviteur mort et ressuscité. — Le Tao-té-king. — On veut y trouver la Trinité et le nom de Jahvé. — Signification du Tao. — Le Té-Quiétisme. — Morale du Tao. — Religion du Tao. — Critique. — Rapports avec le Bouddhisme....

Chap. xiii. — Le Taoïsme. 1. Ses origines et son histoire. Le taoïsme est tout le contraire de la doctrine de Lao-tsen. Pourtant on est allé de ceci à cela. — Les misanthropes solitaires. — Le changement de l'or en plomb vil. Théorie épicurienne de Lieh-tseu. L'humorisme de Kouang-tsen. — Les destinées de l'École dans les siècles suivants. — Expéditions à la recherche de l'élixir d'immortalité. — L'empereur Wou et la déesse Si-Wang-mou. — Apothéose de Lao-tseu. — Couvents taoïstes. — La tentation de Lao-tseu. — Intermittence de faveurs et de disgrâces...

CHAP. XIV. — Le Taoïsme. II. Son organisation, ses croyances, son état actuel. Influence actuelle du Taoïsme. — Le pontificat taoïste. — La Trinité taoïste. — Dieux et déesses. — Les huit immortels. L'élixir d'immortalité, sa composition. — — Légendes. — Exorcismes. — Prêtres séculiers et moines. — Traités de morale taoïste. — Le livre des Récompenses et des Peines. — Le livre des Bénédictions secrètes. — L'enfer taoïste. — Le Panorama divin......

Rosny (LÉON **de**). — Variétés Orientales, historiques, géographiques, scientifiques, bibliographiques et littéraires. 3e édition, *Paris*, 1872. — In-12.   [42

Le Taosseisme. (CHAP. XVII).

— *Tchoung-hoa kou-kin tsai.* Textes chinois anciens et modernes, traduits pour la première fois dans une langue européenne. *Paris*, Maisonneuve et Ce, 1874. — In-8o, textes lithogr.

Siao-yao-yeou. La pérégrination, par le philosophe Tchouang-tsze, traduit pour la première fois du chinois (p. 71).

Strauss (VICTOR **von**). — Essays zur allgemeinen Religionwissenschaft, 1879. — In 8o.   [43

Observations sur les anciens Chinois qui n'avaient pas de nom spécifique proprement dit pour exprimer l'idée de Dieu (p. 24).

La question de savoir si les anciens Chinois professaient la croyance de Dieu a été l'objet de nombreux travaux et quelques savants ont cru qu'il y avait lieu d'identifier le 道 *tao* du philosophe Lao-tse avec la Loi suprême et directrice de l'Univers, désignée sous le nom de Dieu (grec, θεος; mexicain, *teotl*, etc.). M. Léon de Rosny, notamment, n'a pas hésité à traduire le mot *tao* par « Dieu », dans la célèbre phrase initiale du Livre de la Voie et de la Vertu : *Tao ko tao, feï tchang-tao*). D'autres ont cru pouvoir attribuer le sens de « Dieu » au 天 *tien* ou Ciel, mentionné avec un sens de personnalité dans les anciens livres, ou au 上帝 *chang-ti* « Suprême Empereur », distingué des 神 *chin* qui auraient été purement et simplement « les Génies » ou déifications des forces de la Nature, notamment dans l'antique Géographie Chinoise intitulée *Chan-haï king*.

Worouboff (G.). — Les Civilisations de l'Extrême-Orient sont-elles soumises à la Loi des trois états ? *Versailles*, Impr. Cerf et fils, *s. d.* — In-8o.   [44

Cet opuscule traite du Bouddhisme de Çàkya-mouni et de la doctrine du *Tao* de Lao-tse, d'après le système et les idées d'Auguste Comte.

PARTIE III. — ARTICLES PUBLIÉS DANS DIVERS RECUEILS

Les renseignements qu'on trouvera ci-après sont évidemment fort incomplets et nous ne les présentons que comme quelques jalons utiles pour la *Bibliographie du Taoïsme*. Ce n'est, en effet, qu'à la longue que cette partie de notre travail pourra acquérir toute l'étendue désirable et ce n'est pas trop nous avancer que de dire qu'elle ne pourra jamais être considérée comme définitivement accomplie. Il faudrait, pour arriver à ce résultat, parcourir la plume à la main, tous les recueils périodiques, les revues, les bulletins de Sociétés Savantes et même la masse des journaux, quotidiens ou autres, publiés dans les langues les plus diverses et dans toutes les parties du monde. On comprendra l'immensité de ce travail en constatant, par exemple, que le hasard nous a fait découvrir des articles sur le taoïsme dans une grande feuille grecque et dans un journal arménien !

I. — PUBLICATIONS DES SOCIÉTÉS SAVANTES

Alliance Scientifique.— *Annales,* recueil publié à *Paris.*— In-8º. [45
Les Textes taoïstes, traduits par C. DE HARLEZ (1890-91, t. III, p. 222).
Le Taoïsme, par S. MOTOYOSI (1892-95, t. IV, p. 30).
Le Bonheur parfait, d'après le philosophe chinois Tchouang-tse. Essai de traduction, par Mlle Blanche PHILIPONET. (1896-97, t. V. p. 313).

Congrès international des Sciences Ethnographiques. Session de 1878. *Paris,* Impr. Nat., 1881. — Gr. in-8º.   [46

Les Tao-sse et le Taoïsme (pp. 72 et 765).

Affinités des doctrines de Lao-tse et du Bouddha; date incontestable de l'existence de Lao-tse; un savant prétend que Lao-tse était un philosophe japonais (pp. 343-344).

Le *Tao-teh-king*; identité des méthodes de Lao-tse et du Bouddha; commentaire bouddhique du *Tao-teh-king*; Lao-tse sous le nom de *Lauthu* (pp. 765-771).

Société d'Ethnographie. — *Actes,* recueil renfermant le compte-rendu des séances et des extraits des Mémoires qui y ont été lus. Publié à *Paris* depuis 1859. — In-8º.　　　　　[47

La doctrine des Tao-sse en Chine (1863, t. III, p. 229).

Bulletin de la Société d'Ethnographie, recueil publié à *Paris* et faisant suite au précédent. — In-8º.　　　　　[48

Le Taoïsme et son fondateur, par Ad. FRANCK, de l'Institut (1892, t. VI, p. 5).

La philosophie de Lao-tse devant la pensée contemporaine, par Léon DE ROSNY (1892, t. VI, p. 13).

Société Sinico-Japonaise. — *Mémoires*. Recueil publié à *Paris* et en partie imprimé à *Leide* (Hollande). — In-8º.　　　　　[49

La philosophie du Tao-teh king, leçon faite à l'École des Hautes-Études, par Léon DE ROSNY (1887, t. VI, p. 5).

La philosophie Lao-tse en route pour l'occident (Catalogue de la collection de livres chinois de A. LESOUEF, (1887, t. VI, p. 110).

Traduction du chap. XX du *Tao-teh-king* (1887, t. VI, p. 14).

La Périgrination, par le philosophe Tchouang-tse, traduit du chinois, par Léon DE ROSNY (2ᵉ série, t. I, p. 73).

La Philosophie de Tchouang-tse, par Mme Blanche LEFÉBURE (1897, t. XX, p. 120).

Société Asiatique. — *Journal Asiatique*. Recueil mensuel publié à *Paris*. — In-8º.   [50

Lettre de M. Siao-tseu, du 15 septembre 1827, à M. le Rédacteur du *Journal Asiatique*, sur la traduction du Tao, par M. Stanislas Julien (3º série, 1827, t. IV, p. 544).

Lettre de G. Pauthier adressée au Rédacteur du *Journal Asiatique* relativement à un article de son Mémoire sur la doctrine du Tao. (1831, t. VIII).

La Doctrine du Tao. (3º série, 1842, t. XIV),

Signification et valeur du mot *Tao*. (2º série, t. XIV, pp. 283, 304, 399).

II. — JOURNAUX ET REVUES.

Annales de Philosophie chrétienne. — Recueil mensuel publié à *Paris*, par A. BONNETTY :   [51

Explication du texte de Lao-tseu sur la Trinité, par le chevalier DE PARAVEY (4º série, t. VIII).

Le *Tao-té-king* considéré non comme un livre historique, mais comme un Traité de philosophie (1841, p. 246-258).

China Review : or, Notes and Querries on the Far East. *Hong-kong*, published every two months. — Gr. in-8º.   [52

Chinese philosophy before Confucius, by Dr EITEL (1878-79, p. 388).

The Principe of Nature. A chapter from *History of Great Light*, by Huay-Nan-tsze. By Frederic H. BALFOUR (t. IX, 1881, p. 281).

On Lieh-tse, by Dr LEGG (sic) (1884, p. 280).

The *Tau te ching,* by Rev. J. EDKINS (1884, p. 10).

Taoïst infatuation. The doubled up carr of Lao-tsze (1884-85, p. 429).

The Historical characteristic of Taoïsm, by Ern. FABER (1834, p. 231).

Yih-king ou Livre des Transformations, paraissant se rattacher à la doctrine de Lao-tse ; étude par Ern. FABER (1884-85, p. 242).

Chinese Recorder and Missionary Journal, recueil publié à *Foutcheou* (Chine) : [53

Les Taosseïstes sous le règne mémorable de l'empereur *Tsin Chi Hoang-ti,* l'incendiaire des livres et le persécuteur des Lettrés et à l'époque du concile convoqué par l'empereur *Koubilaï* (tom. II, p. 64).

Chronique Parisienne, journal publié à *Paris.* [54

Un vieil ancêtre des anarchistes (no du 15 mai 1892). — L'auteur de l'article désigne sous ce titre le philosophe chinois Lao-tse.

Dzaghik, journal arménien publié à *Constantinople.* [55

Le Taoïsme, (no du 25 mai 1892).

ΕΜΠΟΡΙΚΟΣ ΠΑΡΑΤΗΡΗΤΗΣ ΠΑΤΡΩΝ, journal grec de *Patras* (Grèce). [56

Ο Ταοισμος. Étude sur un ouvrage de M. Léon de Rosny, par le Dr Δ. Μέλισσηνος (no du 14 mars 1892).

Encyclopédie du XIXe siècle. — Répertoire universel des Sciences, des Lettres et des Arts. Troisième édition. *Paris,* 1873. — In-4o. [57

Lao-tse (t. XIII, p. 551).

Encyclopédie moderne. Recueil dirigé par Léon RENIER, de l'Institut.   [58
> La Légende des Taosseïstes sur Lao-tse (t. XXVI, p. 171).

Express de Mulhouse.   [59
> Le Taoïsme (n° du 30 juin 1892).

Fraternité (La), journal publié à *Paris*, par M. Benito SYLVAIN. [60
> La religion du Tao, par D. MARCERON (n° du 13 mars 1894).
> Le Taoïsme contemporain, par Alb. DE POUVOURVILLE (n° du 10 mai 1894).

Gazette de France, journal quotidien publié à *Paris*.   [61
> Le Taoïsme (n° du 21 septembre 1892).

Genèvois, journal quotidien publié à *Genève*.   [62
> Le Taoïsme (n° du 6 février 1892).
> Le Taoïsme et la Philosophie des premiers anarchistes (n° du 17 août 1892).

Géographie (La), revue publiée à *Paris* par M. DUJARRIC.. — In-4°.   [63
> Comparaison entre Lao-tse, Pythagore et Confucius. Résultats définitifs pour la Chine des deux doctrines examinées par M. de Milloué, dans une conférence au Musée Guimet, par Camille CLOPIN (1898, n° du 27 mars, p. 285).

Jour (Le), journal quotidien publié à *Paris*.
> Le Taoïsme, par Pierre ROBBE (n° du 2 mai 1892).   [64

Journal Asiatique. Recueil publié à *Paris* (Voy. Société Asiatique, plus haut, p. 16).   [65
> Étude tirée du *Sy-yeou-tchin-tsuen* sur Lao-tse, le Taoïsme et les Taosse, par Théodore PAVIE (t. IX, p. 340).

La Légende du premier pape des Taosse (t. VI, p. 389).

Journal de Beaugé, Maine-et-Loire, publié à *Beaugé*.   [66
Un vieil ancêtre des anarchistes, Lao-tse (n° du 10 juin 1892).

Journal des Savants, publié à l'Imprimerie Royale, à *Paris*. — In-4°.   [67
Le Livre des Récompenses et des Peines, petit traité à l'usage des Tao-sse's, traduit par Abel-Rémusat. Article de M. DE CHÉZY (octobre 1816, p. 89-93).

Journal of the North China Branch of the Royal Asiatic Society. — Recueil in-8°.   [68
Conversation de Mencius avec le philosophe *Siun-tse* sur le naturel de l'homme, par le Rév. GRIFFITH (Cf. James Legge, *Chinese Classics*, t. II, p. 92).
Wen-Chang, the God of Literature, his history and worship, by. W.-F. MAYERS (1871, t. VI, p. 31).

Justice (La), journal quotidien publié à *Paris*.   [69
Le Taoïsme, par E. RAIGA (n° du 27 mai 1892).

Lotus (Le), recueil publié à Paris par le Comité des Religions comparées de la Société d'Ethnographie.   [70
Notice sur l'École de *Sin-siu*, par S. MOTOYOSI (1891, t. I, p. 25).

Magasin Pittoresque, recueil mensuel publié à *Paris* par Édouard CHARTON. — In-fol.   [71
Lao-tse, philosophe chinois (1833, t. I, p. 308).

20   BIBLIOGRAPHIE DU TAOÏSME. — OUVRAGES EUROPÉENS.

Le tarif des Mérites et des Fautes dans la secte des Tao-sse (1848, t. XVI, pp. 359 et 375).

Magasin Littéraire et Scientifique, publié à *Gand* (Belgique).   [72
La Religion en Chine. A propos du dernier livre de M. A. Réville, par C. DE HARLEZ (1889).

Mémoires de l'Académie Royale de Belgique, publiés à *Bruxelles*.   [73
Lao-tse, par le Dr James LEGGE (1884).
Le Livre du Principe Lumineux (1885).

Monist (The), A quaterly Magazine, devoted to the philosophy of Science, *Chicago*. — In-8°.   [74
Lau-tsze's Tau-teh King. The Old Philosopher's Classic on Reason and Virtue, translated by Dr Paul CARUS (t. VII, n° 4).

Moniteur des Consulats, publié à *Paris*.   [75
Le Taoïsme (n° du 8 mars 1893).

Musée Guimet (Annales du), recueil publié à *Paris*. — In-4°.   [76
Textes taoïstes, traduits des originaux chinois et commentés par Mgr C. de Harlez (tome XX).

Paix (La), journal quotidien publié à *Paris*, par le Dr BARBE-ZIEUX.   [77
Le Taoïsme et la philosophie des premiers anarchistes (n° du 16 août 1892).

Parti National, journal quotidien, publié à *Paris*.   [78
Le Taoïsme, par Ad. FRANCK, de l'Institut (n° du 5 février 1892).

Peuple (Le), journal publié à *Port-au-Prince* (République d'Haïti).   [79
Le Taoïsme, par *Jérémie* (n° du 23 avril 1892).

Progrès artistique et littéraire, journal publié à *Paris*.   [80
> Le Taoïsme, par G. DE DUBOR (nᵒ du 7 mai 1892).

Quaterly Review (British), recueil in-8ᵒ, publié à   [81
> Ho-chang-koung, auteur des rubriques placées en tête de chacun des chapitres du *Tao-teh-king* pour en indiquer le contenu ou le caractère (nᵒ de juillet 1883).
> Date de l'âge de Lao-tse (nᵒ de juillet 1883).
> The Religions of China, Confuceism and Taoïsm compared. (nᵒ de juillet 1893).

Revue Blanche, recueil périodique publié à *Paris,* in-8ᵒ.   [82
> Lao-tse, père de l'Anarchisme en Chine, par Albert DELACOURT (nᵒ 102, du 1ᵉʳ septembre 1897, p. 395).

Revue des Deux-Mondes, recueil mensuel, publié à *Paris*.   [83
> De la Chine et des travaux de M. Rémusat, par J. AMPÈRE (1ᵉʳ et 15 novembre 1833, t. VIII, et 2ᵉ série, t. IV).
> Les trois religions de la Chine, leur antagonisme, leur développement et leur influence, par Théodore PAVIE (nouvelle série, t. XIX, 1ᵉʳ février 1845).
> La troisième religion de la Chine, Lao-tseu (15 août 1842).
> La Chine et les Chinois, Famille, Religion et Philosophie, par le général TCHENG KI-TOUNG (15 mai 1884).

Revue de l'Orient, de l'Algérie et des Colonies, recueil publié à *Paris*, in-8.   [84
> La visite de l'Esprit du Foyer à Yu-koung, traduit du chinois par Stanislas JULIEN.

Shanghaï Budget, journal anglais, publié à *Changhaï* (Chine),
> Bouddha and Laotse, by « *Sinensis* » (nᵒ du 7 juillet 1871).

Shanghaï Evening Courrier, journal anglais publié à *Chang-haï*, (Chine).   [86
     Lao-tse. A Study in Chinese Philosophy, by T. WALLERS, (nᵒ du 15 janvier 1869).

Sitzungberichte d. Gesellschaft d. Wissenschaften, de *Leipzig*.   [87
     Ueber das taoïstische Werk Wen-tsï, von Georg VON DER GABELENTZ (année 1888).

Sitzungberichte der K. Akademie der Wissenschaften ; Philosoph.-Histor. Classe), recueil publié à *Vienne*, in-8.   [88
     Chinesische Begrundungen der Taolehre, von Dᵣ Aug. PFIZMAIER (année 1875).

Times (The), journal publié à *New-York* (États-Unis).   [89
     Missionary Troubles in China (nᵒ du 17 septembre 1893). — Cet article a été traduit en français par Mˡˡᵉ Blanche PHILIPONET).

Travaux de la mission Russe de Péking.   [90
     La secte des Taoïstes, par ESVEKOFF (1857, t. III, art. 13).

Valeriquais, journal publié à *Saint-Valery-en-Caux* par Eugène DANGU.   [91
     Les Anarchistes de la Chine, par FRÉDÉRIC (nᵒ du 28 septembre 1898).

Voltaire (Le), journal quotidien publié à *Paris*.   [92
     Carême chinois : M. Léon de Rosny et M. Adolphe Franck, par Victor DE COTTENS (nᵒ du 7 avril 1892).

B. — OUVRAGES ORIENTAUX

I. — 中國書 OUVRAGES CHINOIS (1)

Ching-pao kiouen-tsih ta-tsiouen mouh-loh. — Grand Catalogue des ouvrages taoïstes divisé en 49 livres et renfermant des notices très intéressantes des livres cités avec des tables sommaires de plusieurs d'entre eux.　　　　[93

Chin-sien tao-kien « Le Miroir de la Voie des Génies et des Immortels », ouvrage taoïste composé par Sieh Ta-hiun en 60 livres et publié en 1610.　　　　[94
　　Cet ouvrage renferme une série de notices biographiques

---

(1) Voici la valeur de quelques mots chinois souvent employés dans les titres des ouvrages publiés au Céleste-Empire :

本　*pen*, tome ou volume.

集　*tsih*, recueil ou collection.

板　*pan*, planches sur lesquelles sont gravés les caractères des livres chinois généralement imprimés au moyen de la xylographie.

新　*tsin*, nouveau (comme, par exemple, nouveau traité, nouvelle édition).

上　*chang*, partie supérieure, volume initial, premier volume.

中　*tchoung*, vulg. « milieu » ; — moyen, volume second.

下　*hia*, partie inférieure, volume troisième ou dernier ; fin.

de plus de 1800 saints, la plupart légendaires, du taoïsme, et de quelques bouddhistes célèbres.

Chin-sien tchouen. Histoire des Génies et des Immortels. Ouvrage renfermant une série de 84 notices biographiques en 10 volumes.   [95

Chin-sien t'oung-kien. Histoire générale des Dieux et des Esprits. (Bibl. Nat. de Paris).   [96

Cet ouvrage, comme tous ceux que l'on trouvera dans cette liste et qui traitent des 神州 *chin*, mot qu'on a traduit par « dieux, génies, esprits ou êtres surnaturels et immatériels, appartiennent à la doctrine dite *Taosseisme* qui est une déplorable dégradation de la philosophie taoïste fondée par Lao-tse.

Ching-king-loui-kouan. Recueil de 22 petits traités de morale de la secte des Taosse ; 5 cahiers 8º. (Bibl. Nat. de Paris). [97

Hiang-ying tçou ko. Traité de liturgie taoïste.   [98

法 *fah,* loi, règle, règlement.

傳 *tchouen,* histoire, relation ; récit traditionnel.

書 *chou,* livre.

覽 *lan,* coup-d'œil, aperçu.

略 *loh,* abrégé, résumé.

紀 *ki,* histoire officielle, annales.

圖 *tou,* cartes ou planches.

全 *tsiuen,* complet.

Hiuen-hioh Iching-tsoung. — Extraits étendus d'ouvrages classiques et historiques pour l'exposition de la doctrine taoïste,
par Yu-youen, qui vivait dans la première partie du XIIIe
siècle. Son objectif paraît avoir été de faire connaître l'origine et le caractère des enseignements des principaux philosophes de la Chine ancienne.   [99

Hiuen-men jih-soung. — Livre de la liturgie journalière destinée à remplacer celle des Bouddhistes avec quelques légères
modifications de phraséologie seulement.   [100

Hoa-chou-sin-sing. — Nouveau commentaire du livre des transformations, ouvrage qui traite de la doctrine des Taosse
modernes, in-8º. (Bibl. Nat. de Paris).   [101

Par les mots 化 書 *hoa-chou*, on désigne « un livre
consacré à l'étude du transformisme », théorie dont on
trouve d'antiques traces dans le *Yih-king* ou premier des
Livres Canoniques des Chinois.   [102

Kan-ing-pien. Le Livre des Récompenses et des Peines, avec
des notes et des histoires morales.   [103
Cet ouvrage a été traduit en français par Abel-Rémusat et
par Stanislas Julien. Il est très populaire en Chine.

Kang-tsang-tse. — Traité sur la culture du taoïsme, composé
par Wang Sse-youen.   [104
Ce 王 士 元 *Wang Sse-youen* écrivit ce livre vers le
milieu du VIIIe siècle de notre ère. On en possède une édition accompagnée d'un commentaire perpétuel par Ho-tsan,
commentaire qu'on croit avoir été composé sous la dynastie
impériale des *Tang.*

Kao-chang-yu-hoang-pen hing-tsih-king. — L'éloge de la divinité et l'un des livres dont la lecture est le plus en usage dans les temples taoïstes.   [105

L'auteur de ce livre est un nommé 玉皇上帝 *Yuh-hoang Chang-ti*, litt. « Le Dieu Majesté de Jade ».

Ki-sse-toung-kien. — Édition de l'œuvre de SOU-TAO, révisée par Hioung-meou. Publiée en 1787, en 39 livres.   [106

Kin-tan-chin tchouen. — Traité taosse.
Le titre de cet ouvrage signifie : « Tradition véritable du *kin-tan*, sorte de pierre philosophale. — 1 vol. gr. in-8° (Bibl. Nat. de Paris).

King-sin-loh. — Recueil de 35 petits Traités moraux et religieux de la secte des Taosse. — 1 gros vol. gr. in-8°. (Bibl. Nat. de Paris).   [107

King-tien-chih-wen. — Recueil d'observations sur la prononciation, les variantes et la signification des mots des Livres canoniques et des philosophes Lao-tseu et Tchouang-tseu, ouvrage composé dans le Ve siècle. — 12 pen. in-4°. (Bibl. Nat. de Paris).   [108

Kiun-sien yao yu. — Collection d'extraits des principaux écrivains taoïstes, anciens et modernes, complétée par TOUNG HAN-CHUN.   [109

Par 仙 *sien* (hommes de montagnes), on désigne « les immortels ».

Kouan-ching Ti-kiun Ching-tsih tou-tchi. — Le Livre des Divinités, composé par ordre de l'État. Cet ouvrage renferme surtout des documents sur *Kouan-ti*, Dieu de la Guerre, extraits de divers livres anciens. [110

Kouan-yin-tse. — Ouvrage attribué au gardien des passes orientales de l'empire Chinois qui rencontra le philosophe Lao-tse, lors de son mémorable voyage dans l'Ouest, et qui obtint de lui son manuscrit du 道 德 經 *Tao-teh-king*. Il est mentionné comme un travail divisé en 9 sections dans la section bibliographique des *Han-chou* ou Annales impériales de la dynastie des 漢 Han, contemporaine de notre ère. (Voy. Aug. Wylie, *Notes on Chinese Literature*, p. 174). [111

Koucï-tchouang tchi-nan. — Ouvrage en vers sur le gouvernement de l'homme intérieur, par Tchin Tchoung-sou, auteur qui vivait sous la dynastie mongole des *Youèn* et qui est compté parmi les taoïstes immortels. [112

L'expression 指 南 *tchi-nan*, veut dire « la boussole » directrice dans un sens moral.

Kong-kouoh-keh. Recueil de 16 petits traités de la secte des Taosse. Le titre du premier signifie : Tarif des Mérites et des Fautes. — 1 vol. gr. in-8º. [113

Lao-tse Tao-teh-king kiaï. — Discussion sur le texte traditionnel ou canonique (*king*) du Livre de la Voie et de la Vertu, par le philosophe Lao-tse. Examen du texte rédigé par les soins de Pih-youen, en 1781, comprenant un examen du *Lao-tse tsan-chou*, composé par I Youen-tan en 1816. [114

Lao-tse tchou. — Commentaire sur le Livre de la Voie et de la Vertu, par 河上公 Ho-chang koung, de l'époque de la dynastie impériale des *Han.* Ce livre est probablement apocryphe, au moins en ce qui concerne la date qu'on lui attribue, et ne paraît pas plus ancien que la dynastie des *Tang.*   [115

Lich-sien tchouen. — Biographie taoïste de soixante-et-onze personnages réputés pour avoir atteint l'état d'immortels (*sien*), attribuée à Lieou-hang, qui vivait sous la dynastie impériale des *Han,* mais que, pour bien des motifs, on considère comme une publication plus récente, probablement du IIIe ou même du IVe siècle de notre ère.   [116

Lich-sien toung-ki. — Ouvrage taoïste publié en 60 livres dans l'année 1640, par Sse Ta-hiun et renfermant une série de notices biographiques sur des Taoïstes appartenant en grande partie à l'histoire légendaire.   [117

Licou-ching-pou-hoa tien-tsun chouch-yu-tchou tchin king. — Ouvrage très répandu pour les offices religieux des taoïstes, attribué à un personnage fabuleux appelé *Licou-ching-pou-hoa-tien-tsun* et qui a probablement pour auteur *Youen-yang-tse,* qui vivait sous la dynastie mongole des *Youèn.*   [118

Nan-hoa tchin-king. — Le Livre véritable de la Fleur du Midi, ouvrage célèbre du philosophe taoïste *Tchouang-tse.*   [119

Nan-hoa kien-tchao. — Le Livre véritable de la Fleur du Midi, de Tchouang-tse, commenté par Siu Ting-hoeï et publié en

1741. Cet ouvrage contient la première partie du texte original, et quelques sections seulement de la seconde. [120

Pao-po-tse. — Ouvrage taoïste de Ko-houng, auteur qui vivait vers le IVe siècle. Il est divisé en deux parties : la première, ou *neï-pien*, comprend 20 livres traitant des immortels, de l'alchimie, des charmes, des exorcismes, etc.; la seconde et dernière, ou *waï-pien*, renferme des instructions sur le gouvernement des hommes et la politique. [121

Peh-fang tchin-wou pao-tsan. — Rituel composé en l'honneur d'un célèbre taoïste connu sous le titre de *Hiouen-tien Chang-ti* « le Suprême Souverain du Ciel azuré » (En chinois : 玄天). [122

Sing-ming kouaï-tchi. — Traité sur le gouvernement intérieur de l'homme, composé par un taoïste accompli de l'époque de la dynastie impériale des *Soung*, nommé *Yin* ; illustré de gravures remarquables. — Ce traité a d'abord paru en 1615 ; une autre édition en a été publiée en 1670. [123

Taï-chang Ching-youen choueh-siaô tsaï hwoh-ming miao king. — Ouvrage pronostiquant les calamités et composé sous l'influence des idées bouddhistes rattachées à celles du taoïsme ; avec un commentaire par Hôen Jen-tse. [124

Taï-chang hoang-ting neï-king yuh-king. — Livre traditionnel sur le gouvernement intérieur de l'homme, par un auteur inconnu ; publié avec un commentaire par Liang Kieou-tse. [125

Taï-chang Hoang-ting waï-king yuh-king. — Livre traditionnel

du 大 上 *Taï-chang* « le Très Haut », c'est-à-dire du philosophe Lao-tse, mais qui paraît être en réalité une œuvre
de l'époque de la dynastie impériale des *Tang*.   [126

Taï-chang Tchih-wen-toung kou king. — Traité sur la culture
et l'abstraction mentale ; avec un commentaire par TCHANG
KIOUEN-TSE.   [127

Taï-chang Lao-kiun choueh-tchang tsing-tsing king. — Ouvrage
relatif à l'assujettissement des facultés mentales, attribué à
KO-HIOUEN, auteur qui vivait vers le IIIe ou le IVe siècle de
notre ère. Il est accompagné d'un commentaire par LI TAO-
CHUN, de l'époque de la dynastie impériale des *Ming*.   [128

Taï-chang Kan-ing-pien. — « Le Livre des Récompenses et des
Peines du philosophe Lao-tse ». — Cet ouvrage, très populaire en Chine, est attribué à tort au fondateur de l'École du
Taoïsme. Il paraît avoir été composé sous la dynastie impériale des *Soung* par un auteur inconnu et a pour but d'ex-
poser la doctrine de la Rétribution.   [129

Ce livre a été l'objet de plusieurs traductions, notamment
par Abel-Rémusat et par Stanislas Julien. Le texte original
en a été inséré par Klaproth, dans la *Chrestomathie Chinoise*
publiée par la Société Asiatique de Paris, et la traduction
tartare dans la *Chrestomathie Mandchoue* du même orientaliste prussien.

Tan-kouei tsih. — Collection de plusieurs ouvrages taoïstes,
avec un commentaire perpétuel.   [130

Taï-sih king. — Exposé de la théorie contenue dans le chapitre VI du *Tao-teh-king* du philosophe Lao-tse sur la pro-

duction de la Matière universelle par le principe féminin, avec commentaire de HOAN-TCHIN SIEN-SENG. [131

Tao-chou tsiouen-tsih. — Collection de 53 traités taoïstes publiée sous la dynastie des Ming. [132

Le 道書全集 *Tao-chou tsiouen-tsih* est une des plus curieuses collections de ce genre ; mais malheureusement la plupart des ouvrages que renferme ce recueil sont empreints des idées qui caractérisent la décadence de la doctrine taoïste et l'inintelligence des principes fondamentaux de la philosophie de Lao-tse.

Tao-teh-king. — Le Livre traditionnel de la Voie et de la Vertu, seul ouvrage authentique et fondamental de la doctrine de Lao-tse, composé au VIe siècle avant notre ère, et dont il a été publié de nombreuses éditions avec des commentaires. [133

Tao-teh king kiai. — Le Livre traditionnel de la Voie et de la Vertu, par le philosophe Lao-tse, avec un commentaire perpétuel. — In-4° (Collection de Rosny, n° 31). [134

Cet ouvrage, d'un intérêt exceptionnel et d'une haute portée philosophique, a été composé par le célèbre poète SOU TOUNG-PO, sous l'empire de l'idée prédominante de la commune origine du Bouddhisme et du Taoïsme.

Tao-teh-king tchou. — Commentaire sorti en 1760 de la plume de SIU TA-TCHUN, dans lequel l'auteur, dans un style concis et lucide, développe ses idées sur l'ouvrage de Lao-tse, le louant au-dessus des classiques de Confucius. [135

Tao-yan nëi-waï tsiouen chou. — Recueil des livres secrets contenant la doctrine des sectateurs du Tao. Petit in-4º; édition de 1763. |136

Tchi-yeou-tse. — Traité sur les principes du Taoïsme dans sa forme moderne, avec une préface de YAO JOU-SIUN, avec la date de 1666. Sa préface nous apprend que le nom de l'auteur est perdu.   [137

Tchou-tse loui-han. — Recueil d'extraits choisis de tous les philosophes célèbres, avec gloses et notes, publié en 1621, en 4 vol. gr. in-8º.   [138

Ce recueil d'extraits choisis des philosophes chinois en contient quatre-vingt-onze, et commence par *Tchou-tse* qui fut le précepteur de 文王 *Wen-wang* de la dynastie des Tcheou (1122 av. J. C.). Il professait déjà la doctrine du *Tao* ou de cette raison pratique civilisatrice qu'il dit avoir été celle des « cinq premiers souverains qui gouvernèrent la Chine ». Après Tchou-tse vient *Tse Ya-tse* dont un des ancêtres aida Yu-le-Grand à faire écouler les eaux de la grande inondation diluvienne. Il était contemporain du précédent. Viennent ensuite *Kouang-yin-tse* contemporain de Lao-tse et qui publia son livre composé de cinq mille caractères ou mots (言 *yen*), puis *Tse Hoa-tse*, né dans le petit royaume de *Tçin*. Lao-tse commence le second livre. Quatorze chapitres seulement sont extraits du *Tao-teh-king*. Il est suivi de *Tchouang-tse*, de *Lieh-tse* et de beaucoup d'autres philosophes jusqu'à l'époque de la dynastie des Ming.

Tchouang-tse ken-tchai keou-i. — Explications verbales de la philosophie de Tchouang-tse, en 10 vol. in-4º. (Collection de Rosny, nº 28). |139

Tchoung-hiu tchi-teh tchin-king. — Ouvrage célèbre composé par le philosophe Lieh-tse. — In-4°. (Collection de Rosny, n° 44). [140

Par l'expression 至 德 *tchi-teh*, il faut entendre « la vertu la plus haute ».

Ti-we-tse, Fo-kouei tse, Te-thsing, Li-yong, commentateurs renommés, sur le mot ou nom hébraïque יהוה de Jéhova, selon Abel-Rémusat. [141

Tien-heou Ching-mou tchou-kiaï tsien-chi. — Réunion en stances d'oracles supposés émanés de la préscience de la déesse des navigateurs. [142

Tien-tsun yu-tchou pao-king. — Le Livre précieux du Gond de Jade de l'Honoré du Ciel. — In-4°. [143
Manuscrit exécuté sur une copie de l'an 1333, renfermant des préceptes, formules et talismans taosseïstes pour éloigner les calamités, procurer le bonheur et conduire à la vertu.

Tou-tchi. — Livres d'annales concernant la déesse *Tien-heou Ching-mou*. Cette déité est très consultée par les taoïstes dans les cas de difficultés ou de doutes, comme la déesse *Kouan-în* par les Bouddhistes. [144

Tsan toung-ki, écrit de la main de WEï PIH-Y'ANG. C'est une étude sur la pratique de l'alchimie qui est trouvée dans quelques-uns des plus anciens écrivains taoïstes, et le plus ancien ouvrage alors existant sur le sujet spécial ; il fut composé vers le milieu du II° siècle. Cet écrivain prétend découvrir la science occulte contenue dans les mystérieux symboles du 易 經 *Yih-king* ; mais son livre et sa traduction ont été très discrédités en Chine. [145

Tsing-tien-ko. — Série de stances sur le gouvernement de l'homme intérieur, par KIEOU TCHANG-TCHIN. Il y a aussi un commentaire, par *Houan-jên-tsé*.   [146

Les mots 天 歌 *tien ko* signifient littéralement « Les chants du Ciel ».

Tsou-sse « Élégies de Tsou ». — Production poétique de *Kioh-youen*, ministre d'un petit royaume au IVe siècle avant notre ère.   [147

Tsou-sse tchang kieou. — Ouvrage en 17 livres avec additions par divers écrivains, et contenant un appendice de pièces par *Kia I-siu ngan*, *Toung-fang so*, *Yen-ké*, *Wang-fou*, *Lieou-hiang*, *Pan-kou* et *Wang-yih*.   [148

C'est un commentaire sur le tout par le dernier qui est un compilateur dans cette forme, ce genre. Infiniment de liberté a été prise, dit-on, dans le texte des éditions publiées sous la dynastie des Soung, mais le commentaire est resté pur.

Tsoui koung jouh yoh-king. — Reproduction d'un taoïste de l'époque de la dynastie Tang. Il renferme un commentaire avec explication, par un auteur connu sous le nom de Hoan Jén-tse, qui vivait sous la dynastie des Ming.   [149

Tsoung hiouen-ling pao-ting kouang king. — Traité sur l'abstraction ; le nom de l'auteur et celui du commentateur ne se sont pas conservés.   [150

Wou-chang yuh-hoang-sin yin-king. — Traité sur l'abstraction mentale et la soumission des émotions. Il n'a pas de nom d'auteur, mais il en existe un commentaire par un écrivain qui a le surnom de *Li*.   [151

Toung-tien fouh-li Yoh-touh ming-chan ki. — Recueil de notes sur les principaux lacs et îles de l'empire, caractérisés comme retraites des dévots taoïstes ; composé par Tou Kouang-ting, vers le milieu du Xe siècle de notre ère.   [152

Les mots 名山記 *ming-chan ki* désignent une « Histoire des montagnes célèbres ».

Wen-chang-ti-kiun Yin-tchi wen. — Célèbre traité sur la Récompense des bienfaits secrets attribué à Wen-chang-ti-kiun, dieu de la Littérature.   [153

Cet ouvrage a été publié en mandchou par Klaproth, et traduit pour la première fois en français par Léon de Rosny.

Wen-chi king chi-tse. — Explication du Livre du philosophe Wen-tse, divisée en 9 livres. Édition de 1597 (collection Klaproth, n° 36).   [154

Le philosophe 文子 *Wen-tse* passe pour avoir été l'un des disciples de Lao-tse et avoir donné dans son livre un exposé de la doctrine de son maître.

Wen-tse. — Ancien traité taoïste ; c'est la seule désignation par laquelle son auteur est connu. En 742, le titre suivant a été imposé à cet ouvrage : *Toung-youên tchin-king.*   [155

Wou-tchin pien. — Ouvrage sur l'alchimie estimé le plus près du Tsan toung-ki, fut écrit par Tchang Pih-touan en 1075. Plusieurs commentaires ont été écrits sur lui : le plus ancien et le principal a été composé par Oung Pao-kouang, dans la dernière partie du XIIe siècle. Ils furent publiés ensemble avec un paraphrase par Taé Ko-tsoung écrit au XIIe siècle.   [156

Yin-fou-king-kiaï. — Ouvrage qui traite du 道家 *tao-kia* ou taoïsme du temps de *Lao-kiun*, fondateur de cette doctrine. La réputation de cet auteur a changé à chaque siècle. Ce livre a été transmis depuis l'époque des Soung comme une interprétation des plus vieux Taoïstes des temps, portant le nom de l'ancien empereur *Hoang-ti*, comme auteur.   [157

Yuh-lih tchao-tchouen king-chi. — Ouvrage des plus inférieurs de la classe des productions taoïstes des temps récents. Il donne un récit détaillé des mystères et horreurs du monde invisible. T'AN-TCHI en est l'auteur.   [158

Yin-fou-king keou-i. — Ouvrage publié par Tchou-ho, de la dynastie du Soung avec ce titre.   [159

Yin-fou-king san-hoang yuh-kiouch. — Titre du prétendu texte original du *Yin-fou king.*   [160

Yu-ling tse-chi tsing hoa. — La fleur ou quintessence des historiens et des philosophes moralistes (子史 *tse-chi*), rédigée par ordre impérial. — 160 kiouen en 40 pên ; édition impériale de 1727. La seizième classe contient ce qui concerne les écoles ou sectes de Bouddha et du Tao.   [161

SUPPLÉMENT

Kin-tan ta-yao. — La quintessence de la pierre philosophale, renfermant un traité sur l'elixir de l'immortalité, par *Tchin, Tchi-hiu,* en 10 livres.   [162

Kiun-sien Tchou-yuh tsih-tching. — Collection de pièces de poésies sur l'alchimie et d'explications sur les *koua* ou trigrammes de l'empereur Fouh-hi.   [163

Lao-tse chouch ou-tchou king. — Traité sur l'homme intérieur,

avec un commentaire par *Yin-yin*, de la dynastie des
Tang.   [164

Lao-tse Tao-teh-king keou-i. Examen critique du texte du livre
de la Voie et de la Vertu du philosophe Lao-tse, composé
par *Pih-youen*, en 1781.   [165

Lao-tse tsan-tchou. — Exposé critique du livre de Lao-tse, par
I Youen-tan, en 1816.   [166

Ling-pao hiouen-tsih ta-tsiouen mouh-loh. — Bibliographie des
écrits taoïstes en 49 livres.   [167

Liu-tchin-jin wen-tsih. — Composition littéraires et poétiques
taoïstes, par *Liu Yen*, de la dynastie des Tang.   [168

Loui-ching pou-hoa tien-tsien choueh yuh-tchou tchin-king. —
Livre rituel pour le service des Taoïstes, attribué à *Hiouen
Yang-tse*, de la dynastie des *Youen*.   [169

Loung-hou king. — Le livre sacré du Dragon et du Tigre ;
traité sur l'alchimie et sur les tendances inhérentes à l'animalité.   [170

La plus ancienne édition connue de cet ouvrage, dont la
date primitive n'est pas connue, est celle qui parut vers la
fin du XIIe siècle avec un commentaire et une paraphrase de
王 道 *Wang-tao*.

San-kiao youen-lieou Ching-ti Foh sse seou chin-ki. — Mémoires
sur l'origine des divinités des Trois Religions : celle des
Saints Empereurs, celle du Bouddha et celle des Tao-sse. Édition de 1819 (collection Klaproth). — In-8°, avec fig.   [171

Ouvrage attribué à Yu-pao, qui vivait à la fin du IVe siècle, mais dont l'œuvre originale a été perdue. — Les Trois Religions, ou plutôt les Trois Doctrines principales (三 教 *San-kiao*), sont en réalité : 1º le Confucianisme ou Philosophie morale et pratique du corps des Lettrés, à laquelle on a associé le culte des Génies ou Esprits (神 *chin)* celui des Immortels (仙 *sien)* les enseignements des Trois Augustes (三 皇 *wang)* et des cinq Empereurs (五 帝 *ti)* de l'origine de la monarchie chinoise; 2º le Taoïsme dans sa forme dégradée ou religion des Tao-ssei ; 3º le Bouddhisme ou Doctrine du Bouddha Çâkya-mouni, communément désigné en Chine sous le nom de Fo (佛 *fouh)*.

Taï-chang chouch san-youen san-kouan pao-king. — Entretien de Lao-tse avec les *San-kouan,* précédé des formules mystiques pour se purifier.   [172

Taï-chang Ta-toung king. — Exposé de la théorie de l'abstrait du philosophe Lao-tse, avec un commentaire de *Li Tao-chun.*   [173

Taï-chang toung-hiouen ling-pao-tse toung-pen-youen-tchin king. — Livre rituel pour le service religieux.   [174

Taï-sih king. — Étude sur le chapitre vi du *Tao-teh king* de Lao-tse, relatif à la création de l'univers matériel par le principe féminin.   [175

Tcheou Yih tsan-toung-ki fen-tchang-tchou. — Commentaire sur le *Tsan-toung-ki* (voy. nº 145), publié par *Tchin Tchi-yu,* qui vivait sous la dynastie mongole des 元 *Youèn.*   [176

Tcheou Yih tsan-toung-ki kao-i. — Commentaire sur le *Tsan-toung-ki* (voy. n° 145), par *Tchou-hi*, de l'époque des *Soung*. [177

Tchin-kao. — Ouvrage sur la doctrine des Immortels, par *Tao Houng-king*, de l'époque des *Liang*, en 20 livres. [178

Tcheou Yih tsan-toung-ki toung-chin-i. — Commentaire sur le *Tsan-toung-ki*, ouvrage d'alchimie taoïste (Voy. n° 145), publié par *Weï Peh-yang*, vers la fin de la dynastie impériale des *Tang*. [179

Tchou-'o mou-tso-tchoung-chen-foung-king. — La pratique de toutes les vertus et l'abstention de tous les péchés ; recueil taoïste d'ouvrages divers très répandus dans les masses, et publié en 1735. — In-4° (Collection Klaproth, supplément, n° 32 bis). [180

Tchou-tchin youen-ngao tsih. — Recueil de documents composés par divers auteurs sur la théorie et la pratique de l'alchimie, par 朱 *Tchou Tsaï-weï*, de l'époque des 明 *Ming*, avec figures. [181

Tchouang-tse Nan-hoa king. — Le Livre traditionnel de la Fleur du Sud, composé par le philosophe Tchouang-tse, au IVe siècle avant notre ère. [182

Cet ouvrage célèbre a été l'objet de nombreux commentaires, parmi lesquels on cite surtout celui de *Hiang-sieou*, complété après la mort de celui-ci par *Koh-siang* qui le publia sous le titre de *Tchouang-tse tchou*.

Tchouang-tse y. — Commentaires sur le Livre sacré de la Fleur du Sud (南 華 *Nan-hoa*) du célèbre philosophe taoïste Tchouang-tse; édition de 1588 (Collection Klaproth, n° 33). [183

Tchouang-liu eul-sien sieou tchin-tchouen tao-tsih. — Résumé des principes du Taoïsme, attribué à *Tchoung-li Kiouen*, de l'époque des Han, et publié sous la dynastie des Chang, par *Chi Kien-ou.* [184

Toung-tien fouh-ti-yoh-touh ming-chan ki. — Histoire des montagnes et des lacs célèbres par la retraite des dévots taoïstes, composé par *Tou Kouang-ting*, vers le milieu du Xe siècle de notre ère. [185

Toung-youen ling-pao ting-kouan king. — Traité sur l'abstraction, sans nom connu d'auteur. [186

Wou-tchin-pien tchou-sou. — Commentaire sur le *Wou-tchin pien* (voy. n° 156), publié par *Tai Ki-tsoung*, vers le commencement du XIVe siècle. [187

Wou-tchin tchih-tchi tsiang-choueh. — Exposé de la doctrine contenue dans le *Wou-tchin-pien* (voy. n° 156), par *Oung Pao-kouang*. [188

Youen-tchin-tse. — Petit traité sur les esprits animaux, par *Tchang Tchi-ho*, qui vivait au VIIIe siècle. [189

Yuh-tsing-kin-sse pao-loh. — Traité sur les tendances de l'animalité, composé par *Tchang Ping-chouh*, vers l'an 514 de notre ère. [190

NOTE SUPPLÉMENTAIRE

Nous croyons utile de reproduire ci-dessous, d'après Stanislas Julien, une liste des principaux commentaires du livre de Lao-tse répartis en deux séries bien distinctes : 1º les commentateurs tao-sse ; 2º les commentateurs bouddhistes.

COMMENTATEURS TAO-SSE.

1º Le Tao-sse *Tsang-hiouen-thsing*, qui vivait sous les *Liang* de 502 à 566) ; son nom honorifique était *Tao-sang*. Il a composé *Tao-te-king-sou*, en 4 livres.

2º Le Tao-sse *Meng-ngan-paï*, dont le nom honorifique était *Ta-meng*. Il vivait sous les *Liang* (de 502 à 566). Il a composé *Lao-tseu Tao-te-king-i*, en 2 livres.

3º Le Tao-sse *Meng-tchin-tcheou*, dont le titre était *Siao-meng*. Il vivait aussi sous les *Liang*. Il a composé *Tao-te-king-tchou*, en 2 livres.

4º Le Tao-sse *Tcou-lio* (sous la même dynastie). Il a composé le *Tao-te-king-tcheou*, en 2 livres.

5º Le Tao-sse *Tchou-jeou*, qui vivait sous la dynastie des *Tchin* (de 557 à 587). Il a composé *Tao-te-king-kiouen-lan*, en 6 volumes.

6º Le Tao-sse *Lieou-tsin-hi*, qui vivait sous la dynastie des *Souï* (de 581 à 618). Il a composé le *Tao-te-king-sou*, en 6 livres.

7º Le Tao-sse *Li-po* (sous la même dynastie). Il a composé *Tao-te-king-tchou*, en 2 livres.

8º Le Tao-sse *Ngan-kieou*. Il a composé *Tao-te-king-tchi-khoueï*, en 5 livres.

9º Le Tao-sse *Wang hiouen-pien*. Il a composé le *Ho-chang-kong-chi-i*, ou explication du sens de Ho-chang-kong, en 10 livres.

10º Le Tao-sse *Siu-mo*, auteur du *Tao-te-king-tchou*, en 4 livres.

11º Le Tao-sse *Ho-sse-youen*, membre de l'Académie des Han-lin. Il a composé : *Tao-te-King-tchi-siu*, en 2 livres ; et le *Tao-te king-hiouen-chi* en 8 livres.

12º Le Tao-sse *Sie-ki-tchang*. Il a composé le *Tao-te-king-kin-thing*, en 10 livres et le *Tao-te-king sse-siu*, en 4 livres.

13º Le Tao-sse *Li-youen-king*, auteur du *Tao-te-king-tchou-i*, en 4 livres.

14º Le Tao-sse *Tchang-hoeï-tchao*, auteur du *Tao-te-king-tchi-hiouen-sou*, en 4 livres.

15º Le Tao-sse *Tche-jo-pi*, auteur du *Tao-te-king-sou*, en 7 livres.

16º Le Tao-sse *Jin-taï-hiouen*, auteur du *Tao-te-king-tchou*, en 2 livres.

17º Le Tao-sse *Chin-fou*, surnommé *Tchong-kiu-sien-sing*, et inspecteur au palais impérial ; auteur du *Tao-te-king-sou*, en 5 livres.

18º Le Tao-sse *Tchang-kiun-siang*, auteur du *Tao-te-king-tsi-kiaï*, en 4 livres.

19º Le Tao-sse *Tching-kiouen-ing*, auteur du *Tao-te-king-kiang-sou*, en 6 livres.

20º Le Tao-sse *Fou-chao-ming*, auteur du *Tao-te-king-pou-tse*, en 2 livres.

COMMENTATEURS BOUDDHISTES

1º *Tchang-tao-ting*, surnommé *San-thien-tao-sse* (le Docteur de la Loi des trois Ciels). Il est auteur de *Lao-tseu-siang-cul*, en 2 livres.

2º Le Cha-men (samanéen) *Kicou-mo-lo-chi*, prêtre indien, qui entra en Chine au commencement du VIe siècle de notre ère, et qui a traduit en Chinois un grand nombre de livres sanscrits. Il est auteur de *Tao-te-king-tchou*, en 2 livres.

3º Le Cha-men (samanéen) *Fou-th'ou-tch'ing* qui vint de l'Inde en 310 et s'établit dans la ville de *Lo-yang*. Il est auteur de *Tao-te-king-tchou*, 2 livres.

4º Le Cha-men (samanéen) *Seng-tchao*, qui vivait sous les *Tsin* (de 265 à 419 de J.-C.). Il a composé le *Tao-te-king tchou*, en 4 livres.

5º Le Fa-sse (docteur de la Loi) *Tsong-wen-ming*. Il a composé *Lao-tseu-i*, en 5 livres.

6º Le Fa-sse (docteur de la Loi). *Tchao-kien*, auteur du *Lao-tseu kiang-sou*, en 6 livres.

7º Le Fa-sse (docteur de la Loi) *Kong*, auteur du *Lao-tseu-tsi-kiaï*, en 4 livres.

II. — 日本書 OUVRAGES JAPONAIS

Kwaku-tyu Sau-si. — Le Livre véridique la Fleur du Midi, composé par le philosophe taoïste Tchouang-tse, avec un commentaire perpétuel. *Yédo,* 1739. — Dix tomes in-8º (Collection de Rosny).   [191

Tchouang-tse, dont le nom est prononcé par les Japonais サウヅ *Sau-si,* et qui s'appelait Tchouang-tcheou, naquit en Chine dans l'état de Liang vers l'an 330 avant notre ère.

Rau-si kau-gi. — Le Livre de la Voie et de la Vertu du philosophe Lao-tse, avec un commentaire perpétuel en sinico-japonais, publié par ṢATO ṢEN-SEI. Vol. in-8º (Collection de Rosny).   [192

Rau-si yeki kai. — Le Livre de la Voie et de la Vertu, du philosophe Lao-tse, avec un commentaire perpétuel. Édition japonaise, avec des annotations en signes syllabiques de l'écriture dite カタカナ *kata-kana.* — Deux vol. in-8º. (Collection de Rosny, nº 59).   [193

Les Japonais désignent le philosophe chinois 老子 *Lao-tse* sous le nom de ラウヅ *Rau-si.*

Tiu-gyo-si-toku. — Ouvrage du philosophe taoïste Lieh-tse, avec un commentaire perpétuel. *Miyako,* 1747. — Huit kwan in-4º (Collection de Rosny).   [194

Le philosophe Lieh-tse, dont on a cherché dans ces derniers temps à latiniser le nom sous la forme *Licius*, est connu au Japon sous celui de 列子 *Res-si*. Son véritable nom était *Lieh Yuh-keou* ; il vécut peu de temps après Confucius.

Wa-go Yin-si roku. — Le Livre de la Récompense des Bienfaits secrets, en langue japonaise. — Un vol. in-8°. (Collection de Rosny, n° 251). [195

Ouvrage attribué à *Wen-tchang ti-kiun*, dieu taoïste de la Littérature. Par les mots *wa-go* (en chinois : 和語), on entend l'idiome national du Nippon.

III. — OUVRAGES MANDCHOUX

Kou-wan cheng-di gyun-i iletoleme atcha boukha, bitkhei urgin, be tarkabure bitkhe. — Discours de Kou-wan-cheng pour enseigner que l'on doit s'abstenir de rechercher l'éclat et les faveurs. Publié la 6ᵉ année du règne de Young-tching (1728). — In-8º.   [169

Mandchu nikan khergen kantchikha Sing-li bitkhe. — Le livre de la Philosophie naturelle; texte chinois et traduction tartare-mandchou, publié la 10ᵉ année de l'ère Young-tching (1732). — In-8º (Collection Klaproth, nº 24).   [170

Tai-chan ni atchabume karulara bitke. — Le Livre des Récompenses et des Peines, attribué au philosophe Lao-tse, traduit en langue tartare-mandchoue (Bibl. Nat.).   [171

C'est une des versions manchoues du célèbre petit traité populaire intitulé en chinois *Kan-ing-pien* (voy. plus haut nº 122).

Tchou-tse tsieh-yao. — Recueil des traités du célèbre philosophe Tchou-hi qui vivait au XIIᵉ siècle sous la dynastie des Soung; avec traduction mandchoue interlinéaire, publiée en 5 tomes en 1676. (Bibliothèque Royale de Berlin).   [172

L'auteur de cet ouvrage est un certain 朱之 *Tchou-tchi.*

Yu-kung tchun-i enduri-be utcharakha gi oitkhe. — Le récit de la visite de l'Esprit du Foyer à Yu-koung. — In-8º. [173

Ce petit ouvrage a été traduit en français par Stanislas Julien.

Explication de quelques termes spéciaux
EMPLOYÉS DANS CETTE BIBLIOGRAPHIE.

道 *tao*. Ce mot, sur lequel repose la grande doctrine appelée *taoïsme*, a été interprété de plusieurs façons différentes par les orientalistes qui font autorité dans le domaine des études sinologiques. Abel-Rémusat le rend par « la Raison primordiale, l'intelligence qui a formé le monde et qui le régit comme l'esprit régit te corps, et l'identifie au λογος de Platon. Stanislas Julien proteste contre cette interprétation de son maître et veut qu'on traduise *tao* par « Voie ». M. Léon de Rosny lui aussi refuse d'adopter l'interprétation de son maître et insiste pour qu'on identifie le mot *tao* avec le grec θεος, c'est-à-dire avec Dieu. M. John Chalmers enfin donne pour équivalent de *tao* « la Raison ».

德 *teh*, second mot qui figure dans le titre du livre canonique du Taoïsme, a été traduit jusqu'à présent par tous les sinologues par « Vertu »; mais on ne comprend pas bien comment il est en quelque sorte mis en parallèle par Lao-tse avec le mot *tao*. M. Léon de Rosny a annoncé à son cours de l'École des Hautes-Études qu'il se proposait de lui donner une toute autre valeur dans une nouvelle interprétation du *Tao-teh-king* dont il doit entretenir son auditoire à son cours de l'année prochaine.

天 *tien* désigne le Ciel matériel, mais il paraît avoir été également employé dans le sens de « Principe directeur du monde » et être synonyme des mots 上 帝 *chang-ti* que quelques orientalistes ont considéré comme une dénomination de « Dieu ». Les catholiques chinois néanmoins emploient pour désigner « Dieu, les mots 天 主 *tien-tchou*, litt. « Maître du Ciel».

中 *tchoung*, littéralement « le Milieu », appartient surtout au confucéisme qui fait figurer ce mot dans le titre du 中 庸 *Tchoung-young* c'est-à-dire « l'Invariabilité dans le Milieu », l'un des 四 書 *Sse-chou* ou Livres classiques de l'École des Lettrés. Dans le titre de cet ouvrage, le mot *tchoung*, représente à peu près la même idée. Le mot « Devoir » (忠 *tchoung*) est composé du même signe *tchoung* « Milieu » et du signe « Cœur » dans le sens qu'Aristote attache au mot μέδιον dans sa philosophie. Si ce mot *tchoung* n'appartient pas précisément au taoïsme primitif, on le rencontre du moins dans les écrits des principaux disciples de Lao-tse, notamment dans l'œuvre capitale de *Sou-tse-yeou*. (Voy. Léon de Rosny, *Le Taoïsme*, p. 74).

仁 *jin*, c'est-à-dire « le sentiment humanitaire » en opposition avec le 利 *li* ou « sentiment égoïsme », est un terme qui n'apparaît guère que dans le taoïsme moderne, du moins dans le sens que lui donne Confucius et son disciple 孟 子 *Meng-tse* ou Mencius, et s'associe à l'idée du 孝 *hiao*, base du culte des ancêtres 祖 *tsou*; tandis que, dans la philosophie de Lao-tse, 行 *hing* ou « le fait d'agir » est considéré comme une faute grave.

禮 *li* veut dire les Rites », c'est-à-dire bien plus les pratiques de courtoisie et de politesse sociale que les p.atiques d'un culte quelconque. Ces règles de courtoisie ont paru excessives à Lao-tseu qui les a condamnées et s'est de la sorte mis en opposition complète avec son contemporain Confucius.

APPENDICES

—

I

NOTICES BIOGRAPHIQUES

SUR

LES TAOÏSTES CÉLÈBRES

—

Lao-tse *. — Lao-tse naquit la 3ᵉ année du règne de *Ting-wang* de la dynastie impériale des *Tcheou*, c'est-à-dire vers l'an 604 avant notre ère dans le royaume de *Tsou*, province actuelle du *Ho-nan* et mourut vers l'an 500 avant J. C. Il remplissait les fonctions de conservateur des Archives à la Cour de Tcheou. Les malheurs du temps, paraît-il, lui firent chercher une réforme, mais cette réforme n'était que dans l'ordre de ses idées, car il n'était rien moins que législateur : ses vues n'étaient qu'idéalistes.

老 子 *Lao-tse* n'est pas un nom propre, mais un qualificatif, un titre d'honneur qui signifie le « Philosophe

---

* Dans toutes les Notices biographiques renfermées dans ce premier appendice, nous employons le mot *taoïste* pour désigner les adeptes de Lao-tse, et le mot *taosséiste* pour désigner les sectateurs de la religion qui ne se rattache à ce grand philosophe que parce qu'elle a pris son nom pour l'exploiter dans un intérêt sacerdotal.

Vieillard » ou mieux le « Philosophe Vénérable », mais le mot 子 *tse* désigne également un « Enfant »; on pourrait donc aussi dire un « enfant-vieillard », parce que ce personnage, à sa naissance, avait déjà tellement réfléchi que ses cheveux en étaient devenus blancs (1). Sse-ma Tsien nous apprend que son véritable nom, son nom patronymique était *Li* et son prénom 耳 *Eul*, son titre *Peh-yang* et qu'il reçut le titre posthume de *Tan* qui, suivant un commentateur, signifie « qui a l'ouïe dure ». Toutefois la date de sa naissance ne se trouve pas dans l'œuvre de Sse-ma Tsien. Le *Ta-kang ti-ki* dit que le village de Laï où est né Lao-tse se trouvait à l'est du district Kou-hien, annexe du royaume de Tchin; mais par suite d'événements, ce royaume fut anéanti par celui de Tsan et en devint une dépendance.

L'état civil de Lao-tse est donc établi avec précision. Sse-ma Tsien ajoute sur lui des détails physiques que nous n'insérons point ici. Ce grand historiographe, l'Hérodote de la Chine, nous fait connaître le fait le plus saillant de la biographie de Lao-tse immédiatement après les quelques indications qui viennent d'être rapportées et qui a trait à la visite de Confucius à ce philosophe, dans le but d'interroger Lao-tse au sujet

---

(1) Edkins, *China Review*, 1884-85, p. 11.

(2) Plusieurs commentaires du *Yih-king* ont été classés parmi les livres taoïstes dans le Catalogue de la Bibliothèque Impériale de Péking. (Voy. *Sse-kou Tsiouen-chou kin-ming mouh-loh*, livr. XIV, pp. 64-65.

(3) *Tao-teh king kiaï*, Prolégomènes, p. 1; *Youen-kién loui-han*, t. CCCXVIII, p. 5.

des Rites. Voici le récit tel qu'il se trouve dans les 史記 ou *Mémoires historiques* de Sse-ma Tsien :

Lao-tse lui dit : « Les hommes dont vous parlez aussi bien que leurs os ont tous disparus et sont tombés en pourriture. Leurs paroles seules subsistent. Lorsque les temps sont favorables pour le Sage, il est en honneur ; lorsqu'ils lui sont défavorables, il erre au hasard. J'ai entendu dire qu'un habile marchand cachait soigneusement ses richesses, de façon à laisser croire qu'il ne possédait rien. Le sage dont la vertu est accomplie a les allures de l'ignorance sur le visage.

« Chassez votre air orgueilleux et vos nombreux désirs, vos manières insinuantes et vos vues déréglées : tout cela ne sert à rien à votre personne. C'est là tout ce que j'ai à vous dire » (1). S'il eut connu le *vale* de Cicéron, il n'eut sans doute pas manqué d'en honorer Confucius, comme conclusion. Ce trait doit suffire pour faire connaître l'indépendance de Lao-tse.

Lao-tse pratiqua le Tao et la Vertu. Lorsqu'il vit tomber la dynastie des Tcheou en décadence, il abandonna sa charge et se retira à une barrière située aux limites du domaine royal. Là, In-hi, gardien de cette barrière, le pria de composer un ouvrage pour son éducation. Lao-tse accéda à sa requête et rédigea un livre en deux parties où il exposa le sens du Tao et de la Vertu. Cet ouvrage contenait cinq milliers de caractères. Puis il partit. On ne sait où il termina sa vie (2). Suivant un commentateur, la barrière sus-énoncée serait celle dite *San-kouan* (voy. *Tao-teh king tsih-tchu*, Prolégomènes, p. 2). Ainsi la fin de la vie de Lao-tseu aurait été des plus obscures, et l'indication de l'endroit où il rédigea le *Tao-teh king* n'est même pas

---

(1) Sse-ma Tsien, *Sse-ki*, liv. LXIII, p. 5.

(2) Ibidem, *Libro citato*, p. 2.

indiqué dans la notice de Sse-ma Tsien qui se contente de l'appeler une « barrière ». La notice de cet historiographe est à peu près le seul document incontestable sur l'histoire de Lao-tseu. Cependant il est peut-être possible à la critique de tirer parti de quelques passages des écrits de Tchouang-tse et Lieh-tse où il est question de la vie de l'illustre fondateur du Taoïsme.

Il n'entre pas dans notre cadre de suivre Lao-tseu pas à pas dans l'émission de ses principes philosophiques ni de reproduire ici les diverses réponses qu'il fit à Confucius qu'il refusa de recevoir une première fois dans sa retraite, mais auquel il répondit par lettre. Cependant Tchouang-tse rapporte plusieurs autres entrevues des deux philosophes et dans l'une d'elles, Lao-tseu finit par se mettre d'accord avec Confucius et pas approuver sa doctrine.

Chen Pou-haï, désigné communément sous le nom de 申子 *Chen-tse* « le Philosophe Chen », mourut en 337 avant notre ère. Il habitait le pays de Tching et fut un des premiers promulgateurs de la doctrine de Lao-tse. Le prince de Han le nomma ministre d'État en l'an 351 av. n. è.

Chen-seng, un des premiers promulgateurs de la doctrine de Lao-tse, mort en 337 av. n. è.

Chin-fou, surnommé *Tchoung-kiu Sien-sing,* commentateur de Lao-tse, inspecteur au palais de l'Empereur, auteur du *Tao-teh king sou,* en 5 livres.

Han Feï-tse, philosophe taoïste du IIIe siècle avant notre ère. Il est l'auteur d'un traité sur la philosophie politique, d'après les doctrines de Lao-tse et dont quelques fragments sont parvenus jusqu'à nous. Protégé en raison de ses mérites par le célèbre empereur Chi Hoang-ti, qui persécutait les lettrés de l'École de Confucius, mais se montrait au contraire sympathique pour les taoïstes, il provoqua la jalousie du ministre Yao-kia. Il ne trouva d'autre moyen d'échapper à ses persécutions qu'en terminant ses jours par un empoisonnement volontaire, en l'an 230 av. n. è.

Han-nan Tse, donne des idées du paradis des Taosse dignes d'attention. Au milieu (au sommet de la montagne *Kouen-lun)* est un Jardin enchanté ; il est placé près de la porte fermée du Ciel. Parmi les eaux qui l'arrosent, sont entre autres « la Source Jaune », qui s'appelle « la Fontaine de l'Immortalité ». Ceux qui en boivent ne meurent pas. Quatre autres fleuves ont leurs vertus particulières. Selon le *Chan-haï-king*, on trouve dans ce jardin tout ce qu'on peut désirer. De ce jardin est sortie la vie ; c'est le chemin du Ciel ; mais selon lui c'était au fruit d'un arbre qu'était attachée la conservation de la vie. Selon Hoaï-nan-tse, le désir immodéré de la science a perdu le genre humain, etc. Hoaï-nan-tse, qui vivait au commencement de la dynastie des Han Occidentaux, était grand amateur de livres. Ses ouvrages, de style brillant et cadencé, sont un ample répertoire de traditions et de fables sur la plus haute antiquité, mais sans ordre ni chronologie.

Han-siang Tse, l'un des huit immortels du Taosseisme, disciple de l'immortel *Liu Toung-pin* de la légende.

Hiang-sieou, qui composa au IVe siècle un commentaire de l'œuvre du philosophe Tchouang-tse, mourut avant d'avoir terminé son travail qui fut achevé par Kou-siang.

Hiu-sun, communément appelé *Hiu Tchin-kiun*, l'un des patriarches du Taoïsme, vécut au IIIe siècle de notre ère. Il fut nommé gouverneur de district sous le règne de Wou-ti, des Tsin (en l'an 265), et se livra à la sorcellerie et aux enchantements. La légende rapporte qu'il mourut à l'âge de 136 ans et fut transporté au Ciel avec sa famille, ses chiens et son poulailler.

Ho-chang koung, célèbre commentateur du *Tao-teh king*. On a exprimé des doutes sur l'existence réelle de ce personnage désigné d'ailleurs par le terme 河 上 *ho-chang* « sur la Rivière » qui indique seulement un riverain du fleuve Jaune. Dépositaire des enseignements du philosophe Lao-tse, on rapporte qu'il les transmit à son disciple *Ngan Ki-cheng*. Suivant quelques auteurs, il aurait vécu au Ier siècle de notre ère; suivant d'autres, il ne serait pas plus ancien que la dynastie impériale des *Tang*.

Hoa-to, surnommé par les Européens « l'Esculape de la Chine », est un des taosseistes qui se sont rendus célèbres par la pratique de la médecine et de la sorcellerie. On rapporte qu'après avoir obtenu par l'acupuncture une cure merveilleuse de Tsao-tsao, le fameux généralissime de l'époque dite des Trois Royaumes (三 國), il fut mis à mort par ordre de celui-là même qu'il avait sauvé, à la suite d'une intrigue de Cour.

Hoaï-nan Tse, pseudonyme littéraire sous lequel est généralement connu un des plus célèbres philosophes du Taoïsme et qui se nommait *Lieou-ngan*. Ce pseudonyme, qui figure comme titre de son ouvrage en 21 livres, vient de ce qu'il était prince de Hoaï-nan; c'était un descendant du fondateur de la dynastie impériale des *Han*. Son ouvrage traite largement du *Tao*, que M. Wylie identifie avec le Λογος des Grecs, et renferme des développements relatifs à la création et à l'état du monde matériel. Il existait une seconde partie de son livre, mais elle n'est pas parvenue jusqu'à nous. Parmi les commentateurs de cet auteur, le plus ancien et le plus estimé est celui de *Kao-yeou*.

On rapporte que Hoaï-nan Tse était un des plus ardents adeptes des arts mystiques 方 士 et prétendait savoir opérer la transmutation des métaux et fabriquer un élixir donnant l'immortalité. Il a réuni l'ensemble de ses doctrines dans une œuvre intitulée *Houng-lieh Tchouen*, titre bizarre auquel on a donné pour équivalent celui de 大 明 傳 *Ta-ming Tchouen* « Histoire de la Grande Lumière ». On lui reproche d'avoir fait acte d'ambition en cherchant à monter sur le trône. Néanmoins ses correligionnaires des âges postérieurs le représentent comme un des saints de leur religion ayant acquis le privilège de l'immortalité.

L'œuvre de Hoaï-nan Tse doit sa conservation aux soins d'un de ses admirateurs nommé *Lieou-hiang* que l'on cite comme un des écrivains les plus remarquables de la dynastie des *Han* et auquel on doit la composition, au 1er siècle de notre ère, du célèbre recueil de poésies intitulé *Tsou-sse* ou « Élégies de Tsou ».

Hoang-ti, dont le nom signifie « l'Empereur Jaune » et que l'on considère communément comme le fondateur de la monarchie chinoise (2697 ans avant notre ère), bien qu'on place avant son règne ceux de deux souverains quelque peu mythiques, *Fouh-hi,* inventeur des *koua* et *Chin-noung,* le

Divin laboureur, est considéré par quelques savants comme ayant été l'initiateur de la grande doctrine philosophique communément attribuée à Lao-tse. On lui attribue un livre célèbre intitulé *Ying-fou king*, dont le principal commentateur est *Li-tsiouen*.

Hoeï-youen, taosseiste célèbre du IIIᵉ siècle de notre ère, fondateur de la secte du Nénuphar blanc, composée de dix-huit membres et qui éleva un temple sur le mont *Lou-chan*, dans la province actuelle du Kiang-si. Il parvint à l'immortalité à la fin de ses jours.

Hoen-sen Tse, de l'époque des *Ming*, commentateur d'un ouvrage composé sous la dynastie des Tang sous le titre de *Tsoui-koung jouh-yo-king*.

Ho-kouan Tse, philosophe taosse, originaire du pays des Tcheou et contemporain, dit-on, des philosophes Yang-tcheou et Meh-ti qui combat Meng-tse dans plusieurs endroits de son livre et dont la doctrine, considérée par l'école de Confucius comme hétérodoxe et dangereuse. Son livre est signalé comme contenant de grandes lacunes et de nombreuses incorrections qui, probablement, proviennent des mutilations avec lesquelles il nous est parvenu.

Hou Han-tchin, commentateur taoïste.

I-Youen-tan, auteur d'un commentaire du *Tao-teh king*, publié en 1816.

Kang San-tsou, auteur d'un Traité intitulé *Kang-sang Tse*, dont il existe un commentaire par *Ho-tsan*, qu'on suppose composé sous la dynastie des Tang.

Ko-houng, un des plus célèbres sectateurs du Taosseisme, vivait au IVᵉ siècle de notre ère. Il se livra à l'alchymie et prit le surnom de *Pao Pouh-tse*. Après avoir obtenu l'état d'immortalité, il mourut à l'âge de 81 ans sous la dynastie des Tsin (326-334). Il transmit sa science transcendante à un disciple nommé *Hoang-yeh jin* (黃 野 人), « l'Homme des Champs Jaunes »).

Kouang-tching tse, nom d'un personnage mythique qui, suivant le philosophe taoïste Tchouang-tse, aurait vécu sous l'empereur Hoang-ti, 2697 av. n. è., (voy. ce nom), et qui serait, avec ce prince, un des initiateurs de la grande doctrine qui prit une forme définitive avec Lao-tse. Les idées qu'on lui attribue sont en effet très rapprochées de celles qui forment le fond de la doctrine taoïste.

Kouei-kou-tse, dont le nom signifie littéralement « le Philosophe de la vallée du Diable » est celui d'un célèbre ascète taoïste qui s'appelait réellement *Wang-hiu* et qui reçut les principes de la doctrine qu'il professait de la bouche de Lao-tse lui-même, au IVᵉ siècle avant notre ère. Il est placé dans la liste des patriarches du Taoïsme.

Kouoh-poh, fameux disciple, commentateur et interprétateur de la doctrine transcendante des Taosseistes. On rapporte que, dans sa jeunesse, il reçut d'un être surnaturel un sac vert contenant un traité en neuf livres qui lui permit de pénétrer dans les secrets mystères de l'Alchimie. Il annota beaucoup d'anciens écrits de la philosophie taoïste et fut classé pour ce motif parmi les plus hautes autorités pour les questions archéologiques et pour les sujets mystiques. (Mayers, *Chinese Reader*).

Koung-sun-loung, philosophe taoïste du IIIe siècle avant notre ère, réputé pour ses théories très subtiles sur la matière. On le compte parmi les adhérents de Ping-youèn Kiun (208 av. n. è.), qui contribua puissamment au triomphe de la maison impériale de Tsin sur les princes féodaux.

Li Chao-kiun, docteur dans l'art de la magie qu'il enseigna au commencement du règne de l'empereur *Wou-ti,* de la dynastie des *Han,* vers l'an 140 avant notre ère. Il fut un des plus célèbres alchimistes chinois et renommé pour ses connaissances dans le mode de composition de l'élixir de longue vie. Il savait transformer la neige en argent et le cinabre en or. Ses talents dans les sciences occultes lui valurent la protection de Wou-ti, son souverain, qui lui accorda de grands honneurs.

Li-oell, surnom et nom du célèbre philosophe *Lao-tse.*

Li-po, taosse de la dynastie des *Soui* (581-618), auteur du *Tao-teh king sou,* en 6 livres.

Li Tao-chun, commentateur de plusieurs ouvrages taoïstes, notamment du *Taï-chang Lao-kiun choueh-tchang tsing-tsing King,* attribué à *Koh-hiouen,* et du *Taï-chang Ta-toung king;* il vivait sous la dynastie des Ming.

Li-tchin,, docteur taoïste de la dynastie des *Soung* (vers le XIe siècle de notre ère), avait le surnom de 八 百 *Pah-peh,* litt. « Huit-Cents », parce qu'il prétendait avoir vécu sur terre pendant huit siècles. On rapporte qu'il enseigna la théorie de la transmigration des corps.

Li-tsiouen, auteur du VIIIe siècle, auquel on attribue la reproduction d'un ouvrage intitulé *Yin-fou king,* de beaucoup

antérieur à celui de Lao-tse, et qui passe pour avoir été composé
par l'empereur *Hoang-ti*, vers la fin du XXVIIe siècle avant notre
ère. Cet ouvrage, s'il a jamais existé passe pour avoir été perdu,
et bien des critiques considèrent celui que l'on possède actuellement sous le même titre comme apocryphe. Ce Si-tsiouen
avait-il eu à sa disposition des documents sur le taoïsme plus
anciens que le *Tao-teh king ?* On ne sait. Toujours est-il que
son livre est considéré comme une œuvre de mérite, et le savant
exégète Tchou-hi n'hésite pas à lui accorder une place parmi
les monuments de la littérature nationale de la Chine. Cependant,
ce n'est pas avec un ouvrage aussi suspect, qu'il est possible de
rien établir au sujet du Taoïsme primitif et le *Yin-fou king*
sera probablemeut toujours un livre mis au rang des ouvrages
d'une authenticité douteuse.

Liang-kieoù Tse, commentateur taoïste du *Taï-
chang Hoang-ting neï-king yuh-king.*

Lieh-tse, philosophe taoïste qui vivait dans les temps
qui suivirent immédiatement l'époque de Confucius, est considéré comme l'un des principaux continuateurs de l'œuvre de
Lao-tse. Son nom complet était *Lieh Yu-keou.* Quelques
orientalistes ont tenté de le faire connaître en Europe sous le
nom latinisé de *Licius.* Suivant Lieou-hiang, il était originaire
du pays de Tching et contemporain du prince Mouh, 625 à 604
avant notre ère (Ernest Faber, *Der Naturalismus des Philosophen Licius,* Introduction, p. VII; cf. James Legge, *Chinese
Classics,* t. II; Prolégomènes, p. 96).

L'ouvrage de ce grand philosophe, qui avait été transmis
d'âge en âge sans aucun titre que le nom de son auteur, fut
élevé en l'an 742 au rang de 經 *King,* c'est-à-dire de Livre

Canonique et fut appelé en conséquence *Tchoung-yu Tchin-king*. L'an 1007, un nouveau décret fit ajouter à sa dénomination les mots 至 德 *tchi-teh*, c'est-à-dire « suprême vertu », faisant ainsi allusion au principe que Lao-tse avait mis en parallèle dans son livre avec l'idée de 道 *tao*, de sorte que l'ouvrage fut dès lors désigné par le titre de *Tchoung-yu Tchi-teh Tchin-king*.

Il existe un certain nombre de commentaires très estimés de cet ouvrage.

[Nous avons donné plus loin quelques détails sur l'œuvre du philosophe Lieh-tse, dans l'Appendice placé à la suite de ces *Notices Biographiques sur les Taoïstes célèbres*].

Lieou-hiang, écrivain taoïste de la dynastie des Han, auquel on attribue la composition d'un ouvrage qui renferme la biographie de soixante-dix personnages ayant obtenu l'état d'immortalité.

Lieou-ngan, philosophe taoïste, plus connu sous son pseudonyme de Hoaï-nan Tse. — Voy. ce nom.

Lieou-yen, éditeur du *Tchoung-liu œll-sien tchin-tchouen Tao-tsih,* ouvrage composé par *Tchoung-li Kiouen,* de la dynastie des Hun.

Lou-chou, commentateur taoïste qui vivait au XIIe siècle de notre ère.

Loui-ching pou-hoa tien-tsun, personnage taoïste dont on reporte l'existence à une très haute antiquité fabuleuse et qui aurait été l'auteur d'un livre intitulé *Loui-ching pou hoa tien-tsun choueh-yuh tchin-king,* ouvrage dont on se sert dans les cérémonies religieuses du Taoïsme.

Ma-kou, femme célèbre du Taosseisme et l'un des génies de cette religion.

Meh-ti, autrement appelé Meh-tse ou Mih-teh, fondateur de la secte des Nihilistes, considéré par quelques biographes indigènes comme devant être classé parmi les philosophes Taoïstes. Il fut un adversaire ardent du gouvernement des Tcheou et tenta d'introduire une réforme dans le système de la vie sociale des Chinois. Sa doctrine repose surtout sur l'idée utilitaire. Quelques-uns de ses sectateurs poussèrent les principes de leur maître jusqu'aux dernières limites du Communisme. Cette classe d'homme fut appelée *Noung-kia,* c'est-à-dire « Secte des Agriculteurs » (1).

La date de l'existence de ce philosophe n'a pas été établie d'une façon précise, mais on admet généralement qu'il vécut entre le IV⁰ et le V⁰ siècle avant notre ère, entre l'époque de Confucius et celle de Mencius. Il donna à sa doctrine le nom de *Kien-'aï* ou « Amour mutuel », et la fit consister dans l'enseignement de « l'intérêt bien entendu ». Cette doctrine fut attaquée violemment par Meng-tse (孟 子).

Meï-fouh, patriarche taoïste, gouverneur de Nan-tchang, sous le règne de l'empereur 成 帝 *Tching-ti,* de la dynastie des Han (années 32 à 7 avant notre ère). Bientôt il prit en dégout les occupations de la vie politique et se réfugia

---

(1) le mot chinois 家 *kia,* littéralement « famille », est employé pour désigner les écoles philosophiques en Chine, comme, par exemple, 道 | *Tao-kia* « l'École Taoïste ».

dans les montagnes du Sud pour s'y livrer à la méditation et découvrir la manière de préparer l'élixir de l'immortalité. De retour dans son pays, il fut transporté au Ciel par une espèce de paon et obtint les honneurs de la déification sous le règne de l'empereur *Youen-foung*, de la dynastie des Soung (1078 à 1085 de n. è.), avec le titre de « l'Homme véridique du Printemps de la Longévité ». *(Cheou-tsun tchin-jin).*

Mih-teh. — Voy. MEH-TI.

Mouh-koung, considéré par les Taoïstes comme l'un des premiers êtres sortis du chaos primordial. Son nom (木 公 *Mouh-koung)* signifie littéralement « le Seigneur du Bois (l'un des éléments) ». D'après l'ouvrage historique intitulé 廣 記 *Kouang-ki* « la Vaste Histoire », cité par M. Mayers, ce personnage est né dans la « Mer d'Azur », et gouverna les influences du principe 陽 *yang* « mâle » et de la 和 *ho* « Concorde », dans la région de l'Est de la Chine, ce qui le fit surnommer 東 王 公 *Toung-wang-koung* « le Seigneur Royal de l'Orient ». Patriarche mâle des Génies », il fut l'époux de la fameuse 西 王 母 *Si-wang mou*, qui habitait sur les monts Kouën-lun.

Nan-ki Fou-jin, littéralement « la dame du Pôle Nord », quatrième fille de la *Si-wang mou* (Voy. l'article MOUH-KOUNG).

Ngan-ki-seng, patriarche qui vivait à l'époque de l'empereur Tsin-chi Hoang-ti (221 ans avant notre ère), et auquel la légende attribue une existence de mille années.

Appelé à l'audience de son souverain, il lui présenta des considérations philosophiques si pleines d'intérêt que le puissant monarque n'hésita pas à engager avec lui un entretien qui dura trois jours et trois nuits consécutives. Ces données sont empruntées à l'ouvrage intitulé *Kao-sse tchouen* ou « Histoire des lettrés éminents ».

No-tcha (le prince), déité taosseiste qui semble se rattacher à des légendes indiennes et particulièrement bouddhistes. Il est adoré comme déité astrale (*sing-kiun*) « prince des Étoiles ». (Voy. la notice sur ce personnage fabuleux dans Mayers, *Chinese Reader's Manual*, p. 161.

Peng-tsou, être mythique, auquel on attribue une longévité prodigieuse. Suivant l'ouvrage intitulé *Lieh-sien tchouen*, son nom aurait été *Keng* et son surnom *Kien*. Il avait 767 ans, lors de la chute de la dynastie des Yin (1123 avant notre ère). Il passe pour avoir disparu dans la direction de l'Ouest de la Chine comme le philosophe Lao-tse, dont il aurait été une des réincarnations. On rapporte qu'il eut deux fils nommés 武 *Wou* et 夷 *I*.

Si-wang mou, ou « la Royale Mère Occidentale » est une des femmes les plus célèbres de l'antiquité chinoise. Elle habitait la fameuse montagne du Kouën-lun, où elle commandait à toute une armée de Génies. Son nom est mentionné dans plusieurs anciens ouvrages de la Chine, notamment dans le *Chan-haï king* qui est probablement la plus vieille géographie du monde et dont nous devons la connaissance à M. Léon de Rosny qui en a été le premier traducteur en une langue européenne (Paris, 1891, deux vol. in-8º); elle est également citée dans les œuvres du célèbre philosophe taoïste LIEH-TSE, (Ve siècle av.

n. è.). Elle eut pour époux un personnage dont le nom *Toung-wang Koung* « le Seigneur Royal de l'Orient » semble avoir été imaginé comme formant une sorte de parallèle avec le sien.

Sie-ta-hien, écrivain taoïste fit un ouvrage en 60 volumes qui fut publié en 1640. C'est une série d'aperçus biographiques pour la plupart légendaires et fabuleux de plus de huit cents saints, sages et divinités choisis principalement dans les rangs des taosseistes, personnages que le bouddhisme admet dans le nombre. La souche de cette publication fut détruite au commencement de la dynastie régnante à l'époque. Alors une nouvelle édition sortit avec le titre de *Lich-sien-toung ki*. Un autre ouvrage du même caractère, par SEN-TAO, fut publié en 1787 avec le titre de *Chin-sien toung-kien*, en 39 livres.

Soung wou-ki, personnage que la légende taosseiste identifie avec « l'Immortel qui habite dans la Lune » (月 中 仙 人 *Youeh-tchoung sien-jin)* et que l'on considère également comme le Génie du Feu. On porte son existence au IVe siècle avant notre ère. Il est un de ceux qui parlèrent de l'existence d'îles où l'on pouvait se procurer un breuvage donnant l'immortalité. Dans le but de faire croire à son enseignement à cet égard, il s'adressa à plusieurs princes de son époque et offrit de faire boire quelques gouttes qu'il possédait du fameux élixir à l'un d'eux qui était sur le point de mourir et qui retrouva instantanément sa santé et ses forces.

Sse-ma Tcheng-tcheng, ermite taoïste du VIIIe siècle de notre ère, célèbre par ses vertus et sa puissance dans l'ordre des choses surnaturelles. Appelé à la cour de l'empereur Joui-tsoung, de la dynastie des Tang, il quitta sa demeure dans les gorges du mont Tien-taï. Sa doctrine parut si remarquable à ce souverain qu'il voulut lui offrir une haute fonction publique, mais il refusa cette faveur et préféra retourner dans la montagne y terminer son existence.

Taï-ki tsoung, auteur de la paraphrase célèbre d'un ouvrage sur l'alchimie composé en l'an 1075 de notre ère par Tchang Pih-touan. Cette paraphrase a paru sous le titre de *Wou-tchin-pien tchou-sou*.

Taï-koung, l'un des commentateurs de l'antique ouvrage relatif à la doctrine du Taoïsme qu'on a attribué à l'empereur Hoang-ti (XXVIIe siècle avant notre ère) et qui est connu sous le titre de *Yin-fou King kiaï*. De nombreux doutes ont été émis sur la provenance et l'authenticité de cet ouvrage, bien que, suivant M. Léon de Rosny, il n'y ait aucun doute que le point de départ de la philosophie taoïste doive être fixé à une époque bien antérieure au siècle où vivait le philosophe Lao-tse.

Tan-tchi, auteur d'un exposé détaillé des mystères et des horreurs du monde infernal invisible. Ce taosseiste préten=dait avoir accompli une exploration des régions ténébreuses dont il voulait faire connaître les particularités à ses contemporains.

Tao Houng-king, auteur qui vivait sous la dynastie des Liang et auquel on doit un ouvrage intitulé *Tchin-kao*, où se trouve exposée l'histoire de la transmission d'âge en âge de la doctrine taosseiste des Immortels.

Tao-kan, célèbre homme d'État renommé par la sagesse qu'il déploya dans le gouvernement de diverses provinces. Il prohiba avec sévérité l'étude et la pratique de la philosophie Taoïste.

Tao Tchou-king, un des plus célèbres adeptes dans les mystères du Taoïsme. Il passe pour s'être passionnément voué à l'étude dès son enfance, ayant commencé à l'âge de quatre ou cinq ans à pratiquer, écrivant dans son lit avec une plume qu'il avait faite d'un roseau. Étant arrivé à l'âge de dix ans et possédant les ouvrages (écrits) de Houng, il manifesta un ardent désir de se vouer lui-même au Sublime de la corporelle conception qui formait le principal desiratum des philosophes taosseïstes. C'est pourquoi il se consacra entièrement à la vie ascétique de méditation et d'étude. Nommé précepteur des princes impériaux par *Tsi-kao,* il ne resta pas longtemps comme familier à la cour ; mais dépouillant les insignes de son état, il se retira loin du commerce du monde en l'an 472 avant notre ère, parmi les retraites des montagnes du Kouo-kouh où huit grottes de taosseïstes étaient situées. Il reçut la qualification de *Hoa-yang chen-jin.* L'empereur Wou-ti, de la dynastie des Liang, fut quelque temps parmi le nombre de ses disciples. Il mourut à l'âge de 85 ans, emportant avec lui le sobriquet de « Premier Ministre dans la Montagne ».

Tchang, nom d'une célèbre famille de pontifes du Taosseisme. (Voy. Tchang Tao-ling, pp. 163 et 234).

Tchang-chin, commentateur de l'ouvrage du célèbre philosophe taoïste Lieh-tse. Il vivait au IVe siècle.

Tchang-kioh, personnage du Taosseïsme qui vécut au IIe siècle avant notre ère, et se rendit célèbre par son habileté dans les sciences occultes. Il leva avec son frère Tchang-pao, l'étendard de la révolte et s'empara en un mois de toutes les provinces septentrionales de la Chine. Ses adhérents se distinguaient par le port d'un turban jaune.

Tchang-liang, l'un des commentateurs du fameux *Yin-fou king* attribué à l'empereur Hoang-ti. (Voy., sur les différents commentaires de cet ouvrage, A Wylie, *Notes on Chinese Literature,* p. 173).

Tchang Pih-touan, auteur d'un ouvrage taosseiste d'alchimie publié en l'an 1075 et dont il existe plusieurs commentaires.

Tchang Ping-chouh, auteur d'un traité sur les tendances de l'animalité, lequel a été écrit vers l'an 514 de notre ère.

Tchang Tao-ling, grand pontife du Taosseisme, qui appartenait à la famille patricienne des Tchang. Nous empruntons au marquis Léon d'Hervey, ancien président de la Société d'Ethnographie, les renseignements suivants sur ce singulier personnage qui jouit de l'admiration et du respect des dévots taosseistes de l'empire Chinois. « Dès ses premières années, le jeune Tao-ling montra pour les études littéraires un goût fort prononcé que ses parents s'empressèrent, autant que possible, de guider et d'encourager. A l'âge de sept ans il lisait, relisait, commentait et méditait le *Tao-teh king,* de Lao-tseu, ouvrage profond qui a exercé et exerce encore la sagacité de nombreux savants; il en pénétrait et en disséquait les idées les plus abstraites avec une précision de jugement et une suite de raisonnements qui étonnaient tout le monde. Avec facilité et clarté, il expliquait la fameuse théorie des nombres arrangés suivant la position des points disposés sur le dos du cheval-dragon de Fou-hi, monstre qui sortit un beau jour de la rivière Lô, et démontrait comment ce *Ho-t'ou* « Tableau de la Rivière », comme il est appelé, représentait le mouvement naturel des cinq éléments et correspondait au principe taoiste de spon-tanéité et de non-action.

« Identifié avec la saine philosophie de Lao-tse, pénétré de la quintessence des principaux monuments de la littérature Chinoise, il sentait en lui le besoin inné de trouver un inconnu dont il pressentait l'existence sans la connaître ; son vif esprit de curiosité le poussait violemment vers ce but invisible. Un soir, nous dit un de ses biographes, après avoir longuement ré-fléchi, il s'écria en soupirant : « Tout cela ne sert de rien à la vie ! ». Il se décida alors à joindre à l'étude de la philosophie celle de l'alchimie pratique, science nouvelle pour lors en pleine floraison, et à rechercher activement « l'art de prolonger la vie au-delà des bornes de la nature ».

« Il y avait déjà plusieurs siècles que les Taoïstes avaient laissé, derrière pour ainsi dire, les conceptions élevées, les profondes spéculations, la philosophie la plus abstraite et la théologie la plus confuse du grand Lao-tse, pour s'élancer à la recherche du *tan* ou *kin-tan*, sorte de pierre philosophale, composé mys-tique et mystérieuse au moyen duquel les alchimistes pouvaient faire de l'or et prétendaient surtout conférer le don de l'im-mortalité. La salle d'étude avait été transformée en laboratoire ; le *Tao-teh king* avait cédé le pas aux amulettes et aux charmes ; en un mot, la recherche spéculative des principes et des causes avait fait place à la magie pure et simple. Cependant, ce serait une erreur que d'associer au nom de Lao-tse, fonda-teur du Tao, et même à celui de Tchouang-tseu, son brillant commentateur, les théories absurdes qui prirent alors naissance. Sans doute les ouvrages de ces deux philosophes sont nourris de fables et de mythes extravagants, mais au moins la saine raison y tenait encore la première place, et l'on n'y sentait nullement l'union de l'alchimie à la philosophie taoïste. Ce fut au temps des Han qu'eut lieu cette regrettable confusion qui a jeté le plus grand discrédit sur les doctrines de Lao-tse.

« L'empereur Hiao Wou-ti, des Han (140 à 86 av. J.-C.) croyait aussi bien à l'Alchimie qu'au Taoïsme. En l'an 133 avant notre ère, le magicien Li Chao-kiun lui disait : « Si vous sacrifiez au Fourneau, vous obtiendrez les ingrédients nécessaires, vous changerez le marbre en or jaune; vous pourrez voir alors les pays enchantés, et, après que vous aurez accompli les rites sur montages et dans les plaines, vous ne mourrez pas ».

« Afin de poursuivre activement la recherche du *tch'ang cheng taô*, le moyen de vivre éternellement, ou l'élixir de longue vie, Taô-ling prit la résolution de quitter en quelque sorte le monde : il alla se réfugier dans une petite maison suspendue au flanc du *Peï-yn-chan* au nord de la ville de Hô-nan-fou capitale de la province du Hô-nan. Là, il se livra à des expériences pratiques sur le plomb et le mercure qui devaient former la base du fameux *tan*; il se plongea dans les études comparatives du Yn et du Yang, sur le degré de feu et de chaleur d'après les diagrammes du Y-king, principalement sur la combinaison du diagramme *kien* (ciel) avec le *k'oun* (terre), etc. Mais, malgré toutes ces recherches, Taô-ling n'en restait pas moins foncièrement attaché aux doctrines fondamentales de son maître Lao-tse et il continuait, dans ses loisirs, à étudier et à méditer le *Taô-to-king* (sic).

« Taô-ling ne se contentait pas d'exprimer les pensées du

maître, il les développait par des commentaires pratiques à la portée de tous, et quelquefois même osait mitiger les opinions souvent hardies de Lao-tse. Ainsi, il corrigeait cette phrase du Taô-to-king d'après laquelle il ne faut pas que le peuple soit instruit, car il deviendrait alors ingouvernable : « Non certes, disait-il, il ne faut pas que le bas peuple soit trop instruit ; si cela était il quitterait les champs et les boutiques et voudrait marcher de pair avec ceux qui se livrent aux études littéraires et qui vivent de leur pinceau, en un mot aux lettrés. Nul ne travaillerait ; les dissentions jalouses prévaudraient et l'État serait en péril. Cependant, il est de toute nécessité que chacun, quelle que soit la place qu'il occupe dans la société, reçoive une certaine instruction qui lui permette au moins de bien saisir ses devoirs à l'égard du souverain, des père et mère, des frères et des hommes en général. L'homme, dit-on, diffère des animaux par l'intelligence ; mais il faut que cette intelligence soit cultivée par l'instruction ; autrement l'homme n'en serait-il pas moins un animal ? Au reste, je ne vais pas jusqu'à demander que chacun ait autant de savoir et de connaissance qu'un vrai lettré : cela n'est pas à craindre, car les études sont aussi vastes que la mer (*chiô-ouen jou-haï*), et le bas peuple ne pourrait jamais avoir assez de temps pour atteindre le même niveau que les lettrés qui consacrent aux études tous leurs instants et leur vie même.

« A plusieurs reprises, les empereurs Tchang-ti (16-89 de notre ère) et Hô-ti (89-106), qui avaient entendu vanter la science de Tao-ling et qui savaient par ouï-dire le but qu'il poursuivait, tentèrent de l'arracher à sa solitude en lui promettant, à la cour, des richesses innombrables et des honneurs brillants. Mais tous leurs efforts furent inutiles. Encore que le Taoïsme fut alors en haute estime au palais des Han,

Tchang Tao-ling refusa avec opiniâtreté les offres impériales : il n'avait en vue que la science et ses profondes recherches. Nulle promesse, quelque magnifique qu'elle eût été, n'eut pu lui faire renoncer à sa liberté et à son laboratoire. Il répondit aux envoyés des monarques par les mêmes paroles que le célèbre Tchouang-tseu avait adressées à ceux du roi Oueï du pays de Tch'ou, à l'époque troublée des états belligérants : « Il y a dans l'État de Tch'ou une tortue vénérée qui est morte depuis trois mille ans et que le roi a fait mettre dans une boîte entourée d'étoffes précieuses et placer dans la grande salle d'un temple. Était-il préférable pour cette tortue de mourir et d'être vénérée, au lieu de vivre et de traîner sa queue dans la poussière. — Eh bien ! dit Tao-ling, je fais de même et préfère ma vie de reclus à la brillante existence enchaînée que j'aurais à la capitale ». (Voy., sur la famille pontificale des Tchang, le Rév. James Legge, *The Religions of China*, pp. 162 et 234).

Tchang Tchi-ho, écrivain taosseiste du VIIIe siècle de notre ère, auteur d'un ouvrage intitulé *Youen-tchin-tse.*

Tchang-tchoung, nom séculier d'un prêtre taosseiste du XIVe siècle de notre ère qui est cité comme un des adhérents du fondateur de la dynastie des Ming. Il est connu sous le titre de *Tieh-kouan Tao-jin* « le Sectateur du Tao à la coiffure de fer ».

Tchang-tsiouen Tse, auteur d'un commentaire de l'ouvrage taoïste intitulé *Taï-chang Tchi-wen-toung kou-king,* c'est-à-dire « L'antique livre traditionnel de la Grotte des caractères rouges (attribué) à l'homme suprême (大 上

Taï-chang). On sait que cette expression est communément employée pour désigner le grand philosophe Lao-tse.

Tchin Tchi-hiu, écrivain taosseiste qui composa un commentaire d'un ouvrage.

Tchin Pao-yih, commentateur d'un ouvrage célèbre de l'époque des Han qui portait primitivement le titre de *Kouan-yin Tse* et que ce taoïste, qui vivait sous la dynastie des Soung, changea en celui-ci *Wen-chi tchin-king*.

Tchin Tchi-hiu, exégète taosseiste qui composa un commentaire de l'ouvrage intitulé *Tsan-toung ki*.

Tchin Tchoug-sou, auteur d'un ouvrage taosseiste en vers. Il est mentionné dans la liste de ceux qui ont obtenu le privilège de l'immortalité.

Tchou-koh Liang, l'un des commentateur taosseiste de l'ouvrage intitulé *Yin-fou king-kiaï*.

Tchou Tsaï-wai, auteur d'une compilation d'articles de divers auteurs sur le système et les procédés de l'alchimie intitulée *Tchou-tchin youen-ngao tsih*, en 9 livres. Il vécut sous la dynastie impériale des Ming.

Tchouang-tcheou, communément appelé Tchouang-tse, fut l'un des plus brillants écrivains de l'École de Lao-tse. Natif de l'état de Liang, il florissait sous le règne de l'empereur *Hien-ti* qui commença à régner l'an 368 avant J.-C. Dès sa tendre jeunesse, il se livra à l'étude de la doctrine du philosophe Lao-tse, pour l'intelligence de laquelle il montra des aptitudes toutes particulières. Bien que, comme ce dernier, il ait occupé pendant quelque temps un poste officiel, il refusa sans cesse tout offre d'avancement convaincu que ç'eut été indigne d'un philosophe. Il fut bientôt entouré d'un grand nombre de partisans qui témoignaient comme lui de leur amour pour la retraite et la méditation. On possède de Tchouang-tse un ouvrage célèbre qui a été transmis à la prospérité sous le titre de 南 華 經 *Nan-hoa king*, c'est-à-dire « le Livre traditionnel de la Fleur du Sud ». Souvent réédité, **non** seulement en Chine mais encore au Japon, il a été l'objet de nombreux commentaires, et beaucoup de lettrés chinois en ont fait une étude approfondie.

Avec Lieh-tse (voy. ce nom), le philosophe Tchouang-tse peut être considéré comme les plus célèbres des successeurs immédiats de Lao-tse. Dans son ouvrage sur le *Taoïsme* (1), M. Léon de Rosny a donné sur ces deux écrivains de très intéressantes appréciations. Je citerai notamment, sur ces deux personnages, les passages qui suivent :

« Les écrits de ces deux philosophes, d'ailleurs remarquables à plus d'un titre, ont le défaut de manquer de plan et d'abuser trop souvent des jeux de mots. Ce sont des recueils d'anecdotes parfois spirituelles, souvent bizarres et ennuyeuses, entremêlées d'aphorismes philosophiques et de subtilités de toute sorte. On y rencontre aussi d'assez fréquents récits de conversations engagées entre ces maîtres et leurs disciples et quelques extraits d'anciens ouvrages taoïstes qui auraient pour l'histoire de la philosophie chinoise un intérêt considérable, s'il ne subsistait des doutes sur leur authenticité. Enfin, on peut y

---

(1) Publié dans le recueil des *Mémoires de la Société d'Ethnographie*, Section Orientale, t. XVII, 1892, p. 141 et suiv.

lire le récit de plusieurs entretiens de Lao-tse avec Confucius, qui, eux aussi, ont le défaut d'être probablement apocryphes. Dans l'un de ces entretiens rapporté par Tchouang-tse, on voit reproduites les critiques que, suivant le grand historiographe Sse-ma Tsien, le créateur supposé du Taoïsme adressa au fondateur de l'École dite des Lettrés (Confucius) ; mais les termes mis dans la bouche des deux philosophes ne sont pas précisément les mêmes.

« Lieh-tse et Tchouang-tse se rencontrent en bien des circonstances dans les explications qu'ils donnent du mystère de la Création ; souvent aussi on les voit recourir à des anecdotes enfantines pour soutenir la justesse de théories plus ou moins aventureuses. Leurs récits fourmillent de fables grossières qu'ils semblent y avoir introduites à plaisir et dans le seul but d'énoncer les idées les plus fantaisistes et les plus paradoxales. Le fameux chapitre initial du livre de Tchouang-tse intitulé « La Périgrination » se retrouve en partie dans l'œuvre de Lieh-tse. On pressent déjà, en lisant les pages désordonnées de ces deux célèbres écrivains taoïstes, que leur doctrine ne tardera pas à perdre tout caractère philosophique pour ne plus devenir autre chose qu'un système de mysticisme, d'incantation et de sorcellerie.

« Tchouang-tse s'éloigne des idées de Lao-tse lorsqu'il soutient l'utilité des préséances parmi les hommes, et peut être plus encore lorsqu'il admet, contrairement à la manière de voir de Mencius que dans l'État l'empereur est la chose la plus importante, tandis que le peuple est la moindre. Il s'accorde en revanche avec le Vieux-Philosophe, lorsqu'il fait l'éloge de l'inaction et la considère comme la base de toutes les vertus. L'idée de Dieu qui est Un avec les opérations de la Nature est manifestement énoncé par Tchouang-tse, ainsi que celle de la Métempsychose. »

Diverses anecdotes légendaires sont rapportées dans les auteurs chinois sur les derniers moments du philosophe Tchouang - tse. On raconte notamment qu'il interdit à sa famille de pleurer sa mort, du moment où il ne s'agit que de la décomposition d'une matière aussi insignifiante que celle qui produit la vie. Il défendit également qu'on donnât à son corps une sépulture quelconque, disant à ce sujet que, du moment où il ne serait pas l'objet d'une inhumation quelconque, il aurait le Ciel et la Terre pour sarcophage et que tous les êtres de la Création pleureraient pour ses funérailles. Lorsque ses parents lui firent des remontrances à cet égard, disant que les oiseaux du Ciel déchireraient son corps abandonné sur le sol, il répliqua : « Qu'est-ce que la matière ? Au-dessus sont les oiseaux de l'air et, ici-bas, au-dessous, il y a les vers et les fourmis ; si vous retirez à l'un, il faut donc nourrir l'autre. Quelle injustice il y a là ! »

Le meilleur commentaire de l'œuvre de Tchouang-tse passe pour être celui qui a été composé par *Hoang-sieou*, au IVᵉ siècle de notre ère, mais dont l'achèvement ne put avoir lieu avant la mort de son auteur. Un lettré nommé *Ko-siang* recueillit le manuscrit en préparation, le compléta et le mit au jour, sous le titre de *Tchouang-tse tchou*.

Tchoung-li Kiouen, auteur d'un résumé des principes du Taoïsme, ouvrage qui a été mis en ordre par *Liu-yen*, sous la dynastie des Tang et publié par *Chi Kien-ou*, sous la dynastie des Soung.

Tou Kouang-ting, qui vivait vers le milieu du Xᵉ siècle de notre ère, est l'auteur d'un livre intitulé *Toung-tien fouh-ti yoh-touh ming-chan ki,* dans lequel on trouve une courte description des principales montagnes et des lacs réputés comme des lieux de retraite pour les dévots taosseistes.

Toung Han-chun, auteur d'un recueil d'extraits des écrivains célèbres anciens et modernes du Taoïsme, recueil qui parut sous le titre de *Kiun-sien Yao-yu* au commencement du XVIᵉ siècle.

Wang-pih, auquel on doit le plus ancien commentaire du *Tao-teh king* de Lao-tse et l'un des plus remarquables par la précision et par la profondeur des idées qui y sont émises. Ce célèbre commentateur, dont l'œuvre est connue sous le titre de *Lao-tse tchou,* vivait au IIIᵉ siècle de notre ère.

Wang Sse-youen, auteur d'un petit traité sur la culture du Taoïsme intitulé *Kang-tsang Tse.* Il existe un commentaire de cet ouvrage rédigé par un nommé *Ho-tsan* qui vivait, croit-on, sous la dynastie des Tang. Ce 王 士 元 *Wang Sse-youen* vécut vers le milieu du VIIIᵉ siècle de notre ère.

Wang Tao, auteur d'un commentaire du traité d'alchimie intitulé *Loung-hou King*, c'est-à-dire « Livre traditionnel du Dragon et du Tigre » dont la composition paraît remonter aux premiers siècles de notre ère, mais dont on ignore l'origine précise. Wang Tao vivait vers la fin du XIIᵉ siècle ; son œuvre a paru sous le titre de *Kou-wen Loung-hou King tchou-sou.*

Weï Pih-yang, dont on fait remonter l'existence au IIᵉ siècle de notre ère, est un écrivain taoïste auquel on doit un traité d'alchimie dont le titre est *Tsan-toung Ki.* L'auteur prétend avoir découvert les principes de la science occulte renfermés dans l'ancien livre canonique de la Chine intitulé 易 經 *Yih King*, dans lequel est exposé le système des *koua* dont on attribue l'invention à l'empereur pré-historique *Fouh-hi*.

Wen-tse est le seul nom qu'on emploie pour désigner l'auteur inconnu d'un livre qui nous a été transmis sous ce titre. Cet auteur inconnu aurait été l'un des disciples du philosophe Lao-tse et son livre passe pour contenir un aperçu des doctrines du Maître. Ces deux mots 文 子 *wen-tse* peuvent signifier soit « le Philosophe Wen », soit « le Philosophe de la Littérature ».

Wou-tching, l'un des commentateurs du livre de Lao-tse. Ce commentaire, très estimé en Chine, a paru au commencement du XIVᵉ siècle sous le titre de *Tao-teh tchin-king tchou*. On trouve, dans cet ouvrage, le texte du *Tao-teh king* réduit de 81 à 68 chapitres.

Yin. On désigne sous ce surnom l'auteur d'un livre intitulé *Sing-ming Koueï-tchi* dû à un taosseiste accompli de l'époque de la dynastie des Soung et qui traite des arts occultes et de leur pratique. Ce livre, dit Wylie, a été imprimé pour la première fois en 1615 et une autre édition en a paru en 1670.

Yin-yin, auteur d'un commentaire sur l'enseignement de la doctrine intérieure de l'homme attribuée au philosophe Lao-tse, et qui a paru sous le titre de *Lao-tse choueh ou-tchou king*. On a exprimé des doutes sur l'origine et l'antiquité de cet ouvrage.

Yu-youen, écrivain taoïste du commencement du XIIIe siècle, auquel on doit un livre intitulé *Youen-hioh tching-tsoung*, composé d'extraits des principales œuvres du Taoïsme et qui a la prétention d'en expliquer les doctrines.

EXTRAITS DES LIVRES TAOÏSTES

Parmi les nombreux écrivains taoïstes mentionnés dans cette *Bibliographie*, il n'y en a que trois, jusqu'à présent, qui semblent occuper une place exceptionnelle dans l'histoire du développement intellectuel de l'humanité, savoir : *Lao-tse*, chef et prétendu fondateur du Taoïsme, *Lieh-tse* et *Tchouang-tse*, ses disciples et continuteurs.

Nous avons pensé faire une chose utile pour les personnes qui veulent se livrer à l'étude approfondie de la philosophie et de la morale taoïstes en donnant ici quelques extraits des œuvres des grands philosophes que je viens de citer.

I. — LAO-TSE.

Bien que l'on attribue au philosophe Lao-tse plusieurs écrits différents, il en est un seul qui semble pouvoir lui être attribué sans conteste. C'est le livre intitulé *Tao-teh king*. En tout cas, cet ouvrage est l'œuvre la plus considérable du Taoïsme et celle qui doit préoccuper tout d'abord ceux qui veulent s'adonner d'une façon spéciale à cet ordre de recherches philosophiques.

Plusieurs passages de ce livre de Lao-tse semblent présenter un intérêt tout particulier et leur examen exégétique est de nature à provoquer d'importantes conclusions sur les idées extraordinaires du célèbre contemporain et antagoniste de Confucius.

Il serait certainement fructueux de mettre en parallèle les diverses interprétations qui ont été faites de ces passages ; mais il faudrait pour cela des citations qui, par leur longueur, sembleraient déplaire dans le présent volume. Nous nous bornerons à les fournir d'après la traduction de Stanislas Julien.

CHAPITRE IV. — Le Tao est vide; si l'on en fait usage, il paraît inépuisable.

O qu'il est profond ! Il semble le patriarche de tous les êtres.

Il émousse sa subtilité, il se dégage de tous liens, il tempère sa splendeur, il s'assimile à la poussière.

O qu'il est pur ! Il semble subsister éternellement. J'ignore de qui il est fils; il semble avoir précédé le maître du ciel.

CHAPITRE X. — L'Ame spirituelle doit commander à l'Ame sensitive. Si l'homme conserve l'unité, elles pourront rester indissolubles.

S'il dompte sa Force vitale et la rend extrêmement souple; il pourra être comme un nouveau-né.

S'il se délivre des lumières de l'intelligence, il pourra être exempt de toute infirmité (morale).

S'il chérit le peuple et produit la paix au royaume; il pourra pratiquer le non-agir.

S'il laisse les Portes du Ciel s'ouvrir et se fermer, il pourra être comme la Femelle (c'est-à-dire rester en repos).

Si ses lumières pénètrent en tous lieux, il pourra paraître ignorant.

Il produit les Êtres et les nourrit.

Il les produit et ne les regarde pas comme sa propriété.

Il leur fait du bien et ne compte pas sur eux.

Il règne sur eux et ne les traite pas en maître.

C'est ce qu'on appelle posséder une vertu profonde.

LIEH-TSE.

Dans ce rapide exposé des doctrines philosophiques de Lieh-tse, nous aborderons successivement : la Physique et la Métaphysique, la Théorie de la Connaissance et l'Éthique ou Morale du grand philosophe chinois.

En ce qui touche les doctrines de Lieh-tse relatives à la physique et à la métaphysique, nous les examinerons au point de vue cosmique ou cosmologique, zoologique ou des êtres animés en général et anthropologique ou de l'être humain en particulier.

Et, d'abord, au point de vue cosmique. Aux yeux de Lieh-tse, la Nature est une incessante circulation, un continuel va-et-vient, en train de passer et de devenir. Le Devenir dépend de l'unique Substance-Force, ce qui passe, de la forme (de l'Unité).

En tant que chose formée, le monde, l'ensemble des choses individuelles, doit donc, ainsi que toute chose individuelle, périr. Cette destruction n'est pas cependant un anéantissement absolu, puisqu'une fin est aussi incompréhensible qu'un commencement.

Il en est de même de l'étendue de l'espace. La différence entre les choses n'est aussi qu'une différence bien faible.

Partout se montrent les mêmes apparences et partout la même imperfection. Même la grandeur des choses n'est qu'un concept relatif.

Derrière ces choses finies qui ne sont que des apparences et, par suite, l'apparence, il y a quelque chose de tout-agissant, d'impérissable. Cette même chose est en même temps impénétrable.

Tout le Devenir prend sa fin dans la cause première, qui se présente comme Non-Être en face de l'Être individuel.

L'incessante impulsion à la formation produit une continuelle génération et une incessante transformation. De cette impulsion incessante résulte le quadruple Devoir.

Le Devenir consiste en trois sortes d'existences : le Ciel, la Terre et l'Homme, dont différentes sont les fonctions.

Quant aux lois physiques spéciales, dont certaines sont par lui particulièrement traitées, Lieh-tse parle de l'équilibre des forces ; de la différence du soleil du matin et de midi ; du mouvement du soleil et de la lune vers l'occident et du cours des fleuves vers l'orient. Il touche à la variabilité des espèces.

Au point de vue zoologique ou des êtres animés en général, pour Lieh-tse, tous les êtres vivants se rattachent les uns aux autres ; ils sont dans une intime union, car tous sortent du germe primitif, grâce auquel ils se développent, et tous aussi y reviennent, y rentrent.

L'homme et l'animal sont intrinsèquement égaux dans l'Être, tous deux ont le Sentiment et l'Intelligence. Ils vivaient mêlés dans l'antiquité.

L'efficacité de l'Esprit dans la Nature apparaît encore autrement. Il se présente dans l'homme, à l'état de contraste, comme Corps et Ame. A cette opposition correspondent le Sentir ou la Sensation — influence faible et d'origine ou formation corporelle — et le Rêve, la propre et véritable vie de l'âme, mais dans laquelle l'âme peut encore être influencée du dehors, par où est conditionnée l'espèce de différence dans le Rêver. L'Esprit peut par lui-même voyager dans les régions pures de l'Esprit.

Les contrastes de la vie sociale se fondent, ses inégalités s'égalisent par la large activité de la vie de l'âme.

On peut aussi tenir la Réalité pour le Rêve et le Rêve pour la Réalité.

Au point de vue anthropologique proprement dit, c'est-à-dire de l'être humain en particulier, Lieh-tse constate que l'homme a quatre degrés de développement : l'enfance, la virilité ou l'âge viril, la vieillesse et la mort. La mort apporte la renaissance par la transmigration des âmes.

Par là l'âme ou l'esprit de l'homme est déjà placée en opposition avec le corps. L'auteur enseigne même que l'esprit de l'homme est influencé par le Ciel, par le Tout-Esprit. L'esprit est souverain : il règne en maître tout-puissant sur le corps et même sur les choses extérieures, mais alors seulement qu'il est et en même temps parce qu'il est en un intime et parfait accord avec lui-même.

Par là l'homme acquiert un magique pouvoir sur la Nature, de sorte que rien ne lui peut nuire, et qu'il peut même influer sur les choses grâce à sa libre volonté. C'est précisément par l'esprit de l'homme que doit être parachevée la Nature. L'homme y peut arriver peu à peu ; il peut même trouver le moyen d'acquérir l'immortalité. A l'existence immortelle des hommes répond aussi une autre Nature, qui présente des rapports qui se transforment. Selon les degrés de la spiritualité des hommes est la constitution physique des corps et de la nature ambiante. Maints passages du philosophe chinois rappellent les descriptions prophétiques de l'empire messianique de mille ans sur la terre; d'autres, la consommation apocalyptique des choses.

Lieh-tse s'est engagé dans la voie du panthéisme. Le monde en sa légitimité est pour lui l'unique manifestation de sa divinité. Il expose des vues sur la Magie, qu'il doit même avoir pratiquée. A cette question qui se présente à lui, et qui, sous sa forme moderne, peut être ainsi traduite : Comment le merveilleux est-il possible, étant donné le point de vue de la perfection de l'Immanence ? il ébauche une double réponse, sinon une solution.

Au point de vue anthropologique : Qu'est-ce que l'homme, se demande-t-il, et que pourrait-il devenir si ses forces étaient normalement développées ? Aucune chose extérieure, répond-il, ne peut plus lui nuire ; mais tout ce qui est est à son service. N'est-ce pas là l'idée qui trouve son expression adéquate dans la doctrine chrétienne de l'homme sans péché ? — D'autre part, Lieh-tse connaît un monde des esprits qui peut influer sur les choses visibles grâce à l'énergie puissante des forces naturelles. Mais les Esprits paraissent aussi soumis à la volonté toute-puissante d'un maître suprême des Esprits, d'une souveraine Intelligence supranaturelle. Il faut combiner ces deux explications pour arriver à se faire une idée de cette chose merveilleuse qu'est l'Homme-Dieu. C'est là un problème de théologie scientifique, que les négations dédaigneuses de toute espèce de merveilleux quel qu'il soit par le naturalisme et le rationalisme ne réussiront pas à supprimer.

Sur le passage de la physique à l'éthique, Lieh-tse rencontre la théorie de la connaissance. On pourrait, d'après ce qui précède, croire que le philosophe a dû adhérer à la conception purement sensualiste, suivant la maxime : *Nihil est in intellectu quod non prius fuerit in sensu*. Mais, bien qu'il ait approché de cette conclusion, on trouve dans son œuvre la contre-partie. La Science est présentée comme entièrement indépendante de la Pensée. De plus on peut être dégradé du côté de la pensée, et alors les fortes sensations même restent inobservées. On peut encore être sous la préoccupation d'un désir, sous l'empire d'une passion, qui, sans doute est excitée par un objet extérieur, mais qui précisément fait oublier tout autre objet. Un résultat faux est la conséquence de l'observation avec une idée préconçue.

Le monde aussi peut manquer de logique et l'erreur venir des objets extérieurs : personne à proprement parler ne sait ce qui est vrai, ne connaît la vérité. Une proposition peut être fausse objectivement, qui, à un moment donné, n'en a pas moins sa réalité. Mais la connaissance n'est pas limitée au rapport normal avec le monde extérieur par les sens : elle pénètre aussi les causes premières des choses et recherche leur but final. Le rapport de la connaissance avec les mots est de telle sorte que la connaissance la plus élevée ne se laisse pas saisir par des mots, en d'autres termes, que les mots sont impuissants à exprimer les conceptions les plus élevées.

Au point de vue de l'éthique en général, l'extérieur et l'intérieur sont opposés. Le problème éthique consiste à chercher à oublier les choses extérieures ou à demeurer passif vis-à-vis d'elles. En présence des événements inévitables, il faut la résignation. S'abandonner soi-même au tout-agissant, tel est le but. Tout étant déterminé et s'accomplissant de soi-même, un changement du cours de la Nature est impossible ; donc fatalisme. Mais en opposition avec le déterminisme de la Nature il y a la Vertu. Être content de son sort, c'est Vertu et Bonheur. Pour cela il faut le calme et l'absence de préoccupation, avec la douceur et la chasteté. Le plus haut Agir est le Non-Agir. Au point de vue absolu, Sagesse et Non-Sagesse, Science et Non-Science, Juste et Injuste sont équivalents. La Sagesse, le Savoir et la Justice ne l'emportent qu'au point de vue pratique de l'utile. Les dogmes divers sur l'Amour comme sur la Justice trompent les hommes. Tout est soumis à l'inéluctable Fatum.

Rechercher son propre intérêt entraîne la lutte : mieux est-il de tendre à l'intérêt commun, au bien de tous.

Renommée, gloire sont choses vaines, et ne valent pas qu'on leur sacrifie la joie de la vie. La recherche de la gloire conduit à l'hypocrisie. La gloire n'a de valeur que pour les successeurs. La Vie et la Mort doivent être regardées avec indifférence. Ne pas vouloir mourir est un manque de charité vis-à-vis de ses héritiers. Inutile est le deuil pour les morts. La mort doit être pour qui part, repos, pour qui reste, résignation.

Quant aux doctrines personnelles de Lieh-tse, en matière de morale, on les peut résumer de la manière suivante.

Qui fait usage de la volonté sans distraction se concentre pour acquérir le pouvoir d'un esprit (d'un dieu). L'auteur nous fait connaître en quoi consiste une telle personnalité, puis quel est le pouvoir d'une foi simple. Il nous présente successivement un indifférent, un sensualiste, un vieillard qui est gai pour cinq ou six raisons, un autre qui ne s'est fait aucun souci et qui n'en avait aucun. La plupart des hommes sont des êtres perdus. — Il traite ensuite de la différence dans la mort et de l'égalité. La vanité nous vient du mal. Par contre, le malheur pour le juste se termine en bonheur. Ce qui est personnel est dépendant du tout, mais indépendant des choses individuelles. Aussi doit-on trouver le plaisir, la satisfaction dans sa propre personnalité, non dans les choses.

Les saints ont leur place entre le ciel et la terre, leur fonction est de perfectionner les choses par leur service. Ce sont les hommes les plus parfaits; ils sont cachés dans le ciel, et par suite certainement partout. Les saints sont conscients, ils ont le pouvoir de gouverner les animaux, sont en communication avec les esprits et les démons. Le saint recherche, d'après ce qui est, la cause première; il met sa confiance dans la nature, non dans l'habileté; il prend les fous dans leurs passions. Mais cependant les saints n'ont sur terre que chagrin et peine; les scélérats au contraire vivent dans la joie et les délices. Le philosophe donne une description particulière du saint dans l'Occident de l'Empire. Les saints se différencient des personnages distingués, particulièrement par leur éducation éthique et harmonique universelle. L'idéal de l'idéal est de se rendre utile aux autres, de se sacrifier pour autrui. En lui-même l'homme idéal est comme un mort, donc sans passions. Il est même circonspect pour faire le bien, de façon à ne pas s'en attirer de la gloire, à n'en pas retirer d'avantage ou créer des différends.

En ce qui touche la vie sociale et la politique, l'œuvre de Lieh-tse ne touche qu'à un petit nombre de questions.

Les rapports entre l'homme et la femme sont les rapports chinois tels qu'ils sont connus. Lieh-tse lui-même paraît n'avoir eu qu'une seule femme et avoir vécu en bons rapports réciproques avec elle. Il mentionne cependant la polygamie. Quant au thème si cher aux disciples de Confucius sur la puissance paternelle, il n'en est nullement question, bien qu'il parle du père et des enfants. Il mentionne la vengeance familiale et la dépendance des morts dans laquelle se trouvent les vivants. Il parle d'inégalité entre frères, mais il n'est rien dit de la subordination du plus jeune frère au plus âgé. Il dépeint une noble amitié, qui dure toute la vie.

Il traite des rapports de celui qui gouverne, du prince, avec ses ministres. Un homme peut faire de grandes choses, sans être apte aux petites; mais la domination d'un seul est nécessaire. Au sujet de la poursuite des emplois avec une précipitation excessive la circonspection est légitime et bien justifiée. Il parle aussi du ministre loyal, de l'opposition entre ministres, des avis divers qui l'emportent d'après les points de vue personnels des ministres. Il est difficile, mais important, de découvrir des gens distingués.

Pour le gouvernement de l'État est établi le principe de la division du travail, de sorte que les autorités publiques ou fonctionnaires aussi bien que les sujets ne sont que des serviteurs. On obtient plus par la douceur et la faiblesse que par la puissance extérieure. Le meilleur gouvernement est celui dont le peuple ne se ressent pas, ne s'aperçoit pas. Le principe de l'égoïsme est de ne pas donner même un cheveu pour l'empire. Là où les gens méritants gouvernent, le peuple a honte du brigandage. Le gouvernement de l'État est facile au moyen de la concentration de l'esprit. On doit rechercher les causes de la conservation et de la perte de l'empire. Il y a quatre causes du mal social : le désir d'une longue vie, de la gloire, des honneurs, des richesses.

Enfin, en ce qui concerne les arts et les métiers, Lieh-tse développe dans son œuvre l'état de l'art et de l'industrie à son époque. D'après le tableau qu'il nous en fait, ni l'un ni l'autre n'était encore libre de toutes parts dans son pays.

Telles sont, très en résumé, les principales doctrines d'un des plus grands philosophes et plus profonds penseurs des temps antiques, d'un des plus beaux génies qui ait honoré la Chine et l'humanité.

Comme complément de cette notice, nous donnerons ci-après la liste des divisions de l'œuvre du philosophe Lieh-tse, d'après la traduction de M. Ernst Faber :

Livre   I. — Des indices célestes. — Devenir et passer.

—   II. — L'Empereur Jaune. — La Nature et l'Esprit.

—   III. — Le roi Mouh, de Tchao. — Les Veilles et les Rêves.

—   IV. — Confucius. — Le Moi et le Non-moi.

—   V. — Les questions de Tang ; de Yin (qui vivait de 1766 à 1753 av. n. è.). — De la contradiction dans les choses.

—   VI. — Le Mouvement et la Destination. — La Liberté et la Fatalité.

—   VII. — Yang-tchou. — Le Sensualisme et la Morale.

—   VIII. — Démonstration. — Les Causes et les Effets.

La simple énumération de ces chapitres suffit pour appeler d'une façon toute particulière la sollicitude des philosophes sur l'œuvre de Lieh-tse, surtout si l'on songe à la date reculée de l'existence de ce personnage (VIIe siècle avant notre ère) et au milieu dans lequel il a fait son apparition. On ne doit pas cependant s'en étonner outre mesure, si l'on se rappelle que le chef de son École, le taï-chang Lao-tse a donné de Dieu une définition des plus remarquables dans sa grande théorie du *Tao*.

Toutefois, lorsqu'on ne connaissait guère en Europe, pour représenter l'ancienne philosophie chinoise, que l'œuvre de Confucius, on ne pouvait guère se douter que, dans la région du fleuve Jaune, il y avait eu des émules des idées platoniciennes. C'est cependant ce dont on arrivera facilement à ce convaincre en entreprenant, avec les procédés de la critique moderne, l'étude des représentants de la théorie taoïste dans la Chine antique.

TCHOUANG-TSE

Le philosophe chinois *Tchouang-tse* peut être considéré à juste titre, comme le philosophe *Lieh-tse* auquel a été consacré la notice précédente, pour un des plus remarquables continuateurs de l'œuvre de Lao-tse. On nous permettra donc de lui accorder ici une place spéciale et exceptionnelle.

Un savant sinologue, M. Frédéric-Henry Balfour, auquel on doit une édition anglaise de l'œuvre de Tchouang-tse publiée sous le titre de *The Divine Classic of Nan-hua*, a fait précéder son travail d'une note dans laquelle il apprécie l'œuvre du célèbre philosophe taoïste. Nous croyons faire une chose utile en en traduisant quelques extraits.

Ce brillant écrivain, métaphysicien, satiriste, fabuliste et pa-

radoxiste, était, par le fait de son éducation, un confu-
séiste. Son esprit, essentiellement critique, le portait toutefois
à discuter et à attaquer tous les systèmes qui existaient à son
époque. Son style est gracieux, mais obscur intentionnellement,
et lui arrive sans cesse de faire usage de signes irréguliers, à
sens détourné et à se complaire dans des jeux de mots le plus
souvent intraduisibles pour ne pas dire incompréhensibles.

Tchouang-tse paraît avoir cru à l'existence d'un Pouvoir Con-
trôleur, auquel il attribue une certaine mesure de personnalité.
Il considère ce pouvoir comme le conservateur, si non comme
l'auteur de la vie. Il semble avoir admis la doctrine de la Transmission des âmes. Suivant lui, l'origine de toutes les choses est
une, et c'est de cette existence unique que proviennent les innombrables formes et manifestations de la Vie et de la Matière.

La question du 道 *tao*, sur laquelle repose la doctrine de
Lao-tse et de son École, a préoccupé naturellement le philosophe
Tchouang-tse. Ce terme philosophique a été l'objet d'interprétations diverses dans les travaux des orientalistes. On y a vu le
nom de la Suprême Unité idéale de l'Univers, — la Loi qui
gouverne l'esprit et la matière, — la Voie, — la Raison, dans
le sens du mot grec λόγος, la Sagesse considérée comme
l'attribut de la Pensée créatrice, dans le sens que les Gnostiques
donnent au mot σοφία, — le Principe inhérent et le Pouvoir
moteur de la création et finalement le αὐτοταυτο de la philosophie platonicienne. M. Léon de Rosny a cru pouvoir l'identifier avec notre idée de « Dieu »; M. Balfour préfère le rendre
par le mot « Nature », définie par Vorcester comme « l'Ame ou
Principe actif de l'Univers », ce qui revient à peu près au même.
Stanislas Julien se bornait à le traduire par « Voie ». Lorsqu'on
l'explique par « Raison », on l'identifie peut-être un peu impru-

demment avec le mot chinois *li*. Tchouang-tse voit, dans les hommes qui suivent le Tao, les Sages qui ont appris à se conformer aux lois de la Nature.

Une foule d'autres mots, dans le *Nan-hoa king*, sont de nature à soulever de longues discussions lorsqu'il s'agit de les interpréter et de les définir. Le mot 天 *tien*, par exemple, a parfois le sens de « spontané » (*tse-jen*) ou de inconcient *(wou-sin*, litt. « sans cœur »*)*. — La différence qui existe entre « la Nature artificielle » et la « Nature naturelle » sont exprimés dans le livre de Tchouang-tse par les curieuses locutions 人之 | *jin tchi tien* « le Ciel de l'Homme » et 天 之 | *tien chi tien* « le Ciel du Ciel ».

Le mot 德 *teh*, qui figure dans le titre du livre de Lao-tse et joue un rôle de premier ordre dans la philosophie taoïste, est expliqué en éthique par « Vertu » (αρετη), et en physique par « Énergie » (δυναμις). Dans son cours à l'École des Hautes-Études, M. Léon de Rosny s'est longuement étendu sur le sens et la portée de ce mot *teh* qu'il n'hésite pas à opposer au mot *tao,* comme on peut le faire des idées rendues par les termes « fatal » et « libre ». Il y aurait sans doute lieu de tenir également compte, pour arriver à une intelligence complète de ce terme, de la remarquable étude philosophique du très regretté Tru'o'ng Vinh-ky, publiée par la Société d'Ethnographie sur le rôle des mots *Li* « Raison » et *Sou* « Nombre » ou « Calcul ».

Plusieurs autres locutions du langage philosophique de Tchouang-tse paraissent avoir encore besoin d'être examinées de très près avant qu'il soit possible de les traduire d'une façon

satisfaisante. L'expression *wou-weï*, par exemple, signifie littéralement « non être ». Comme le dit très bien M. Balfour, il y
a eu beaucoup de divergence d'opinion au sujet de la véritable
signification de cette formule. Le Rev. Samuel Beal, pour avoir
pris le second caractère à un ton inexact, lui donne la valeur
de « sans égoïsme (unselfishness) ». M. Watters les explique
en anglais par « non-exertion » et M. Balfour par « inaction ».
Ce dernier sinologue ajoute qu'appliqués à l'idée gouverne-
mentale, ils signifient « la non-interférence », à savoir que les
choses suivent leur cours et arrivent d'elles-mêmes à leur état
normal, en laissant au peuple le soin de se développer par lui-
même et de trouver sans intervention insidieuse sa véritable
voie; ce qui l'engage à ajouter que, de la sorte, Charles
Kingsley et Herbert Spencer ont été devancés en Chine par un
couple de mille années.

M. Balfour pense en outre que la doctrine de Tchouang-tse présente de nombreux points de contact avec celle des philosophes
de l'ancienne Grèce. Comme Pythagore, les taoïstes croient que
toute chose provient de l'Un primordial; comme Parmenides
que le seul Un existe et que toutes les choses ne sont rien
autre que des modifications ou apparences de la même idée.
Comme il témoigne de l'indifférence pour les peines et les
plaisirs de ce monde et engage les hommes à n'avoir
d'autre préoccupation que celle de vivre en harmonie
avec la Nature, il déclare que la concorde entre la Volonté
humaine et la Raison universelle constitue la plus haute forme
de la vertu. Comme Plotin, il enseigne le mépris des choses du
monde et professe l'existence d'une Trinité dont le second terme
procède du premier et le troisième des autres deux, comme
lui-même; il préconise le *koung-fou* ou moyen d'entrer en
extase en s'asseyant dans une certaine posture et en compri-

mant sa respiration d'une certaine manière; comme Anaxagoras il admettait que l'Air est le premier principe de la Nature; il croit à la séparation primordiale des éléments du Chaos *(Hoën-tun)*; comme Xénophanes enfin, il enseigne aussi clairement que le livre canonique chinois intitulé *Yih-king*, que Dieu ou 上 帝 *Chang-ti* est une sphère.

Pour arriver à comprendre l'œuvre de Tchouang-tse et se faire une idée exacte du rôle qu'il a rempli dans le travail de développement de la civilisation chinoise à une époque antérieure de plusieurs siècles à l'ère chrétienne, il est nécessaire de bien connaître ce qu'était la Chine aux temps qui précédèrent son apparition dans le Royaume du Milieu et pendant la période agitée au sein de laquelle il a vécu. La constitution féodale de ce qui devait devenir un jour le Céleste-Empire monarchique de Tsin-chi Hoang-ti avait contribué considérablement à démoraliser le pays. Le pillage et la révolte étaient la condition permanente de toutes les provinces, et côte à côte le despotisme et l'anarchie prenaient leurs ébats en se livrant aux plus déplorables excès. Pour atténuer les dangers sans cesse plus menaçants d'un tel état de choses, un météore extraordinaire apparut dans le royaume de Lou. Il se nommait *Koung-tse* (le « Confucius » des Européens). Avec une rare habileté et une énorme finesse, il parvint à modérer la tyrannie des Grands 上 et à faire que les Petits 下 prissent leur misérable sort en patience. Toutefois, ce célèbre moraliste rencontra sur son chemin un dangereux concurrent et contradicteur, le philosophe Lao-tse, dont il n'était pas de force à contredire les enseignements sceptiques et spéculatifs. Des disciples de l'un et de l'autre acceptèrent néanmoins la tâche lourde et périlleuse de continuer la mission de leur Maître. Le

philosophe et économiste Mencius fut sans doute le plus remarquable et le plus important parmi ceux qui faisaient partie de
l'École Confucéïste, tandis que Lieh-tse et Tchouang-tse, comme
nous l'avons dit, parurent aux yeux d'un groupe considérable
de leurs compatriotes, représenter les plus éminents successeurs
de Lao-tse. Leurs théories sociales et politiques, quoiqu'il en
soit, ne devaient aboutir à rien de plus qu'à faire accepter à la
foule ignorante et inculte, la grossière et ridicule religion des
taosseïstes modernes.

Le 南華經 *Nan-hoa King* de Tchouang-tse est divisé,
dans les éditions chinoises de ce livre dont il nous a été possible
de prendre connaissance, en 33 chapitres, dont voici l'énumération :

Chapitre   I. — La Pérégrination. (M. Balfour traduit ce
titre, en chinois *Siao-yao-yeou*, par *Wanderings at ease*).
Chapitre   II. — Essai sur l'uniformité de toutes les choses.
    —   III. — La régularisation de l'entretien de la vie.
    —   IV. — Le monde de l'humanité.
    —   V. — La manifestation de la vertu intérieure.
    —   VI. — L'Instituteur universel.
    —   VII. — Sur les devoirs des Empereurs et des Princes.
    —   VIII. — Les doubles pouces.
    —   IX. — Les sabots des chevaux.
    —   X. — La raffle des portefolios.
    —   XI. — De l'indulgence à l'égard des fautes.
    —   XII. — Le Ciel et la Terre.
    —   XIII. — La voie du Ciel.
    —   XIV. — Les Révolutions du Ciel.
    —   XV. — Idées bigottes.
    —   XVI. — De la rénovation de sa propre nature.

L'intitulé de plusieurs de ces chapitres semble bizarre au premier abord, mais on peut en dire autant, sinon plus, des titres de ceux qui figurent dans l'œuvre du philosophe Lieh-tse et dont nous avons donné plus haut l'énumération. Si l'on parvient à se mettre suffisamment au courant de l'état des esprits à l'époque reculée où vivait Tchouang-tse, on arrive à com-

------

(1) Ce chapitre est intitulé 田 子 方 *Tien-tse-fang* uniquement parce qu'il est question au début d'un personnage ainsi nommé qui aurait eu une conversation d'ailleurs assez insignifiante avec *Wen,* seigneur de Weï. En dehors de ce court dialogue, il y est traité des idées confuséistes et taoïstes.

(2) Voy. plus haut la notice sur ce célèbre philosophe taoïste, p. 80.

prendre les motifs qui ont engagé ce célèbre écrivain taoïste à entourer l'énumération de ses idées de tous les récits bizarres et parfois même enfantins dont se trouve émaillé d'un bout à l'autre le texte du *Nan-hoa king*.

Ajoutons, en terminant, que pour prendre une idée du style essentiellement original du célèbre *Nan-hoa-king* composé par le philosophe Tchouang-tse, on peut lire avec un vif intérêt la traduction que donne pour la première fois M. Léon de Rosny de la partie de cet ouvrage intitulée *Siao-yao-yeou* ou « la Pérégrination » et qui a été publiée par la Société d'Ethnographie de Paris (1).

---

(1) Dans les *Mémoires du Comité Sinico-Japonais*, seconde série, t. I, 1874, (vol. XI de la collection).

à
es
à

le
sé
êt
le
ou
o-

—

e,

BIOGRAPHIE

DES

ORIENTALISTES

QUI ONT PUBLIÉ DES TRAVAUX SUR

LA PHILOSOPHIE CHINOISE

———

BIOGRAPHIE

DES

ORIENTALISTES

QUI ONT PUBLIÉ DES TRAVAUX

SUR LA PHILOSOPHIE CHINOISE

Amiot (le P.), jésuite et missionnaire apostolique en Chine. Né en 1718, il résida d'abord à Macao en 1750 et s'établit, à partir de l'année suivante, à Péking, où il séjourna jusqu'à l'époque de son décès survenu en 1794. On le considère à juste titre comme un des hommes qui ont le plus contribué à nous faire connaître les idées philosophiques, religieuses et sociales des Chinois, tant de l'antiquité que des temps modernes. Il avait en outre un style des plus remarquables, ce qui a fait dire à Lamartine qu'on pouvait le considérer sans hésitation comme l'un des plus grands écrivains français de son siècle. Par la nature de son esprit, il avait une tendance à rapprocher, sinon à identifier, les idées religieuses du Confucéisme et celles de la doctrine Chrétienne. L'étude des 經 *King* ou Livres Canoniques lui avait permis de signaler de curieuses affinités entre les deux doctrines. On ne saurait le compter parmi les sinologues qui se sont adonnés d'une manière spéciale à l'étude du Taoïsme ; mais, en parcourant ses écrits personnels et une foule d'articles dont il a été évidemment l'inspirateur et qui ont paru dans l'important recueil intitulé « *Mémoires concernant les Chinois* » par les missionnaires de Péking (recueil publié en 14 volumes in-4°, dont le dixième est suivi d'un grand Index analytique des dix premiers tomes de la collection), on trouve de précieuses indications sur l'esprit ou l'état moral du moins des taosseïstes qui ont fabriqué une religion fantastique et grotesque en abusant du nom célèbre de l'auteur du *Tao-teh King*. Ces taosseïstes, qui se livrent aux pratiques religieuses les plus grossières et les plus ridicules, accomplissent néammoins assez souvent des actes de morale et d'abnégation qui contrastent de la façon la plus étonnante avec leurs pratiques naïves et superstitieuses.

Outre la *Vie de Confucius*, que l'on considère à juste titre comme une œuvre exceptionnelle, on cite son *Éloge de la Ville de Moukden*, publié en 1770, et son *Mémoire sur la Musique chez les Chinois*. Il est également l'auteur d'un *Dictionnaire Tartare-Mandchou-Français*, publié en deux volumes in-4°.

Langlès (Louis-Mathieu), orientaliste français, naquit à Perenne, près Mont-Didier, Somme, le 23 août 1763, d'une ancienne famille. Son père était officier près le tribunal des maréchaux de France, poste que son fils occupa lui-même aussitôt après avoir achevé ses études. L'intelligence dont il donna des preuves au début de sa carrière appela de bonne heure l'attention sur lui et, grâce à la protection du maréchal de Richelieu, on lui accorda, avant qu'il ait atteint l'âge de 25 ans, une des douze pensions qui avaient été créées pour récompenser et encourager le mérite. Cette récompense exceptionnelle engagea le jeune Langlès à entrer définitivement dans la carrière de l'Orientalisme et, quelques mois après l'avoir reçue, il fit paraître un Alphabet Tartare-Mandchou qui précéda de peu de temps l'apparition d'un Dictionnaire Tartare-Mantchou-Français. Pour ces deux publications, il avait dû faire graver et fondre tout un ensemble de caractères qui manquaient jusqu'alors dans la typographie parisienne.

A l'époque où parut Mathieu Langlès, c'était à peine si l'Orientalisme avait commencé à se faire une petite place dans le vaste champ de l'érudition contemporaine. Aussi le nom de Langlès doit y être considéré comme celui de l'un des initiateurs le plus distingué de cette vaste branche d'études. Comme il était nécessaire, pour réussir, de prendre une spécialité, il choisit celle du persan qui était déjà une langue connue en Europe et le Mandchou qui y était à peu près complètement ignoré. Cette dernière langue, était celle des *Tai-tsing* devenus maîtres du Céleste-Empire ; à ce titre, elle avait une importance exceptionnelle pour faciliter l'intelligence des nouveaux textes chinois anciens dont on se proposait alors d'entreprendre la traduction.

En 1792, il fut appelé au poste de garde des manuscrits orientaux de la Bibliothèque du Roi. La même année, il proposa au Comité d'Instruction publique la création d'un nouvel établissement d'enseignement supérieur qui fut établi à Paris, sur sa proposition, sous le titre d'École spéciale des Langues Orientales vivantes. Nommé administrateur de cette école, il fut chargé d'y enseigner comme professeur de langue Persane et de langue Malaye.

On doit à Langlès une suite considérable de publications et tout particulièrement celles de nombreux voyages entrepris dans diverses parties de l'Orient, en Chine, en Tartarie, au Japon, dans l'Inde, la Perse, l'Arabie, etc. Parmi ces ouvrages qui rentrent dans le cadre des études philosophiques et religieuses, il faut surtout citer son Rituel des Tartares Mantchoux, rédigé par ordre de l'empereur Kien-long, et précédé d'un Discours préliminaire composé par ce souverain, avec les dessins des principaux ustensiles et instruments du culte chamanique, traduit et accompagné des textes en caractères originaux (Paris, Imprimerie de la République, 1804, in-4°).

Outre ses nombreux travaux de philologie, Mathieu Langlès a rendu un véritable service aux études orientales en réunissant les éléments d'une bibliothèque considérable composée de livres imprimés et manuscrits dont il eût été difficile de trouver à cette époque, l'équivalent dans toute l'Europe. Membre de l'Institut de France, il faisait également partie d'un grand nombre d'académies et de sociétés savantes françaises et étrangères, notamment des académies de St-Pétersbourg, de Munich, de Gœttingue, de la Société Philosophique de Philadelphie, etc.

Devenu aveugle par excès de travail, sa maladie des yeux l'emporta en 1824, à l'âge de soixante et un ans.

Rémusat (Jean-Pierre-Abel), sinologue français, né à Paris en 1778, mort du choléra en 1832. Au début de sa carrière, il se livra à l'étude de la médecine et obtint le grade de docteur en 1813 ; il fut ensuite attaché comme chirurgien aide-major à l'Hôpital Montaigu. Emporté par un goût invincible vers l'étude des langues orientales, il apprit seul et sans maître la langue Chinoise et le Tartare-Mandchou. Après cinq années de travail acharné, il publia un *Essai sur la langue et la littérature Chinoises*, (Paris, 1841, in-8°), travail qui lui ouvrit la carrière sinologique. En 1815, le gouvernement de la Restauration créa au Collège de France, une chaire de chinois dont il fut le premier professeur : son cours obtint un succès mérité. Au mois d'août 1815, il fut élu membre de l'Académie des Inscriptions et Belles-Lettres et, en 1828, rédacteur du

Journal des Savants. En 1824, Il succéda à Langlès comme conservateur du département des Manuscrits Orientaux à la Bibliothèque Royale de Paris. Il fut enfin, en 1822, un des fondateurs de la Société Asiatique, dont on le nomma président en 1829.

Outre de curieux renseignements sur le Taoïsme insérés çà et là dans divers de ses ouvrages, on lui doit la première traduction d'un livre populaire intitulé *Kan-ing-pien* ou Livre des Récompenses et des Peines, attribué par la tradition au 大 上 *Taï-chang* « le Très-Haut », désignation honorifique du philosophe Lao-tse.

Le grand mérite d'Abel Rémusat est surtout d'avoir en quelque sorte créé en France l'étude de la langue chinoise qu'il possédait sans doute d'une façon rudimentaire et insuffisante, mais très remarquable, si l'on tient compte de l'époque où il a vécu. Il était en outre un homme de beaucoup d'esprit et qui avait acquis un sentiment remarquable de l'érudition sinologique pour l'époque où il vivait.

Nous devons encore citer de ce savant un travail qui parut sous le titre de : *Mémoire sur la vie et les opinions de Lao-tse,* philosophe chinois du XIᵉ siècle avant notre ère, qui a professé les opinions communément attribuées à Pythagore, à Platon et à leurs disciples (Paris, Imprimerie Royale, 1823, un volume in-4º).

Outre ce mémoire, Abel-Rémusat est encore l'auteur d'*Observations sur quelques points de la doctrine Samanéenne et en particulier sur les noms de la triade suprême chez les différents peuples bouddhistes* (Paris, Imprimerie Royale, 1831, in-8º); — de 中 庸 *l'Invariable Milieu,* ouvrage moral de Tseu-sse, en chinois et en mandchou, avec une version littérale latine, une traduction française et des notes, précédé d'une Notice sur les Quatre livres 四書 moraux communément attribués à Confucius (Paris, Impr. Royale, 1817, in-4º). Son œuvre principale est probablement celle qui porte pour titre : *Recherches sur les langues Tartares* ou Mémoires sur les différents points de la grammaire et de la littérature des Mandchoux, des Mongols, des Ouigours et des Tibetains (Paris, Imprimerie Royale, 1820, in-4º). Cet ouvrage important n'a malheureusement pas été terminé et nous n'en possédons que le premier volume. Malgré les progrès qui ont été faits depuis lors dans le domaine de la linguistique Touranienne ou Mongolique, ce travail mérite encore d'être consulté par les spécialistes.

Klaproth (Henri-Jules), sinologue allemand et fils du chimiste Martin Klaproth, naquit à Berlin en 1783. Au début de sa carrière, il se livra à l'étude de la chimie et de la physique, étude qu'il abandonna bientôt pour se livrer passionnément à la culture des langues et des littératures orientales. En 1805, il se rendit en Chine à la suite d'une ambassade russe qui avait été envoyée dans ce pays par le gouvernement du tsar. Il profita de son séjour dans l'Extrême-Orient, pour se former une collection de livres chinois, mandchoux, mongols et japonais. De 1808 à 1810, il visita le Caucase avec une mission qui avait été chargée par l'Académie des Sciences de St-Pétersbourg d'explorer cette région. Enfin, il fut appelé, en 1812, à une chaire de langues asiatiques à Berlin; mais les événements politiques ne lui permirent pas d'en prendre possession. C'est pour ce motif qu'il quitta l'Allemagne pour venir habiter la France, où il se fixa à Paris en 1815.

Il fut, quelques années plus tard, un des fondateurs de la Société Asiatique dont il a été jusqu'à sa mort un des membres

les plus actifs et où il occupa une position prépondérante. Il
avait acquis de la langue chinoise écrite une connaissance certainement supérieure à celle de son collègue Abel Rémusat;
mais il était loin de posséder les aptitudes et la haute intelligence de ce dernier, son talent ne dépassant pas les bornes
étroites de la philologie et n'ayant jamais montré de supériorité
que pour la traduction de quelques textes orientaux; il avait
néanmoins une certaine valeur pour les investigations dans le
domaine de la paléographie. En ce qui concerne le Taoïsme, on
lui doit seulement la publication du texte mandchou du Livre
des Récompenses et des Peines, traduit pour la première fois
par Abel Rémusat, et celle du Livre de la Récompense des
Bienfaits Secrets (*Yin-tchi wen*), ouvrage attribué comme le
précédent au philosophe Lao-tse et dont la première traduction
en langue européenne est due à M. Léon de Rosny.

En dehors du travail que je viens de citer, le seul qui rentre
précisément dans le cadre des Notices biographiques insérées
dans ce volume, Jules Klaproth est l'auteur d'un grand nombre
de volumes, de brochures et d'articles se rapportant à une
foule de branches différentes de l'Orientalisme. La plupart de
ses publications ont un caractère surtout philologique. C'est
ainsi qu'il a débuté dans la carrière en traitant de la langue
des Afghans dans une notice publiée à St-Pétersbourg en 1810.
Il a ensuite parlé successivement des idiomes des Ouigours, du
Caucase, des Mandchoux, des Chinois, des Cophtes, du Bornou,
de la Géorgie, des Sémites, de l'Afrique méridionale, etc. Il
s'est également occupé de paléographie, notamment dans son
étude sur l'inscription du Grand Yu, dans ses divers mémoires
sur les alphabets orientaux, et tout particulièrement dans les
discussions ardentes et remplies d'amertume qu'il a fait paraître
contre les essais de déchiffrement des hiéroglyphes Égyptiens,

par Champolion le jeune. Ce n'est d'ailleurs pas sur ce terrain seulement que Klaproth donna des preuves de ses sentiments d'hostilité contre les orientalistes, ses contemporains. Parmi ceux qu'il a attaqués sans merci on peut citer Langlès, Léontiew, Schott, Robert Morrison, Pauthier, etc. On peut dire d'ailleurs que, parmi les sinologues de son temps, il n'y eut guère qu'Abel Rémusat et Stanislas Julien qui obtinrent grâce à ses yeux. Son fiel se traduisait par des intitulés qui peuvent donner une juste idée de ses sentiments, comme par exemple ses livraisons ayant pour titre : *Grande exécution d'automne.*

En plusieurs circonstances, Klaproth jugea à propos de faire usage de pseudonymes pour signer quelques-unes de ses polémiques, entre autres des noms de Louis de l'Or, Wilhelm Lauterbach, etc.

Le Catalogue de sa riche bibliothèque a été rédigé par Merlin pour la vente aux enchères qui eut lieu à Paris le 16 mars 1840 et jours suivants. Ce catalogue renferme de précieux renseignements pour la bibliographie des différents peuples de l'Extrême-Orient, et en particulier de la Chine, de la Tartarie et du Japon.

Klaproth mourut à Paris en 1835.

Julien (Noël, dit Stanislas), sinologue français, né à Orléans, le 14 avril 1797, montra dès sa première jeunesse un goût tout particulier pour l'étude des langues étrangères. Le succès de ses études classiques le fit appeler en 1821 à la suppléance de Gail, pour le cours de langue et littérature grecque. La connaissance de l'idiome Hellénique, ainsi qu'il le déclara plusieurs fois à ses auditeurs, ne lui paraissant pas présenter d'assez grosses difficultés pour donner satisfaction à ses goûts, il se demanda s'il n'y avait pas, dans le domaine de l'orientalisme, récemment introduit en France, un idiome suffisamment complexe pour donner satisfaction à son grand amour

du travail. Le hasard lui fit alors choisir la langue chinoise et pour en bien apprendre les éléments, il se fit élève d'Abel Rémusat, aux cours duquel il sut vite acquérir les plus brillants succès. Par sa rare habileté et son savoir, il obtint grâce aux yeux de Klaproth qui avait alors la prétention de tenir exclusivement entre ses mains les destinées de la sinologie, non seulement en France, mais dans le monde entier. De la sorte, il obtint plusieurs situations importantes ; en 1827, celle de sous-bibliothécaire de l'Institut ; en 1832, celle de professeur de chinois et de tartare-mandchou au Collège de France ; en 1833, celle de membre de l'Académie des Inscriptions et Belles-Lettres. Enfin, il fut nommé, en 1839, administrateur du Collège de France.

Durant sa longue et laborieuse carrière et particulièrement à ses débuts, il engagea une lutte ardente et passionnée avec un ancien officier d'infanterie, Guillaume Pauthier, qui était entré dans l'orientalisme et avait eu l'ambition de se présenter comme rival de Stanislas Julien. Cette lutte est surtout intéressante pour ce qui concerne le Taoïsme, en ce sens que chacun de ces deux Orientalistes voulait être le premier traducteur du fameux *Tao-teh King* de Lao-tse. Dans cette singulière course au clocher, Guillaume Pauthier parvint à arriver le premier en publiant dès 1838 le début d'une édition avec traduction française de l'œuvre du célèbre émule et concurrent de Confucius, et Stanislas Julien n'arriva que trois ans plus tard, c'est-à-dire en 1841, à faire paraître sa traduction complète du même ouvrage. Si l'on compare les deux versions du livre de Lao-tse publiées par Pauthier et par Stanislas Julien, on est frappé des dissemblances dont il n'est pas sans intérêt de faire connaître la cause. Pauthier connaissait très mal la langue chinoise dont il n'était jamais arrivé à saisir le génie particulier, mais il avait une certaine intelligence des choses philosophiques qui le préparait favorablement à comprendre les idées énoncées dans les anciennes œuvres de l'esprit oriental. Stanislas Julien, au contraire, s'était merveilleusement assimilé les particularités de l'antique écriture idéographique de la Chine, mais il se montrait indifférent et même rebelle à toutes les spéculations dans le domaine du raisonnement et de la philosophie. Il en résulta que Pauthier, en s'inspirant des données fournies par les anciens missionnaires sur le Taoïsme, arriva à donner parfois une idée assez juste de la philosophie de Lao-tse, alors que son adversaire, bien supérieur à lui comme orientaliste, mettait involontairement, dans sa traduction du *Tao-teh King*, des idées non seulement contraires à celles de son auteur, mais en outre bizarres et parfois même contraires au sens commun.

Outre la traduction du *Livre de la Voie et de la Vertu*, on doit à Stanislas Julien une édition chinoise et française du *Kan-ing-pien* ou *Livre des Récompenses et des Peines*, accompagnée d'un commentaire perpétuel des plus intéressants.

. Un autre ouvrage de Stanislas Julien qui mérite tout particulièrement d'être mentionné ici est sa traduction latine de l'œuvre du philosophe 孟 子 *Meng-tse*, plus connu sous le nom latinisé de *Mencius* et que l'éminent sinologue considérait comme le premier des moralistes chinois après Confucius. Sa traduction, publiée par la Société Asiatique de Paris, parut sous le titre de *Meng-tse vel Mencium inter Sinenses philosophos, ingenio doctrina nominisque claritate Confucio proximum,* edidit, latina interpretatione ad interpretationem tartaricam utramque recensita instruxit et perpetuo commentario e sinicis de prompto, illustravit Stanislaus Julien (Paris, 1824; deux vol. in-8°). Cet ouvrage qui suit le texte original en quelque, sorte mot à mot, est d'un grand secours pour les personnes qui se livrent à l'étude de la langue chinoise ancienne. Il est également intéressant pour ceux qui veulent acquérir une connaissance solide des doctrines sociales et économiques qui sont devenues celles de la grande majorité des lettrés chinois dans les temps qui ont suivi immédiatement le siècle de Confucius.

Les merveilleuses facultés philologiques de Stanislas Julien lui permirent, alors qu'il était arrivé à un âge déjà avancé, d'entreprendre l'étude de la langue sanscrite dans l'intérêt de plusieurs ouvrages relatifs au Bouddhisme dont il avait fait la traduction. Il savait en outre plusieurs langues européennes, notamment l'italien, l'espagnol, le portugais, l'anglais, l'allemand et même un peu le russe.

Parmi les publications de Stanislas Julien relatives au Bouddhisme, il faut surtout citer son *Histoire de la vie de Hiouen-thsang et de ses voyages dans l'Inde,* depuis l'an 629 jusqu'en 645, par Hoeï-li et Yen-thsang, suivie de documents et d'éclaircissements géographiques tirés de la Relation originale de Hiouen-thsang, traduite du chinois. Paris, 1853; un vol. in-8º. — Comme suite à cet ouvrage, il a paru ultérieurement les *Mémoires sur les Contrées Occidentales,* traduits du sanscrit en chinois, en l'an 648, par Hiouen-thsang, et du chinois en français par S. J. Paris, 1857-58; deux vol. in-8º.

Pendant les premières années de sa carrière scientifique, il signait son nom *Stanislas Jullien.*

Il mourut à Paris, le 13 février 1873.

Bazin (Antoine-Pierre-Louis), sinologue français, né à Saint-Brice, Seine-et-Oise, le 26 mars 1799, fut élève de Stanislas Julien et obtint la place de professeur de chinois vulgaire à l'École spéciale des Langues Orientales vivantes, dont les cours avaient lieu à cette époque dans les bâtiments de la Bibliothèque Impériale, rue Neuve-des-Petits-Champs. Il fut également appelé, pendant de nombreuses années, à faire partie du Conseil de la Société Asiatique dont il devint secrétaire-adjoint. On lui doit quelques documents surtout bibliographiques qui sont intéressants pour l'étude du Taoïsme et que l'on peut consulter dans son ouvrage intitulé *Siècle des Youen* (Paris, 1850; in-8º), où se trouve un tableau comparatif des principaux ouvrages sur la doctrine du Tao publiés depuis les Soung jusqu'à nos jours. Les documents réunis par Antoine Bazin, pour la composition de ce livre qui est probablement l'œuvre capitale de son existence sinologique, sont surtout intéressants en ce sens qu'ils nous font connaître avec beaucoup de détails les idées des savants chinois en matière de Bibliographie et les innombrables documents précieux que renferme le Catalogue de la Bibliothèque Impériale de Péking publié sous le titre de *Sse-kou tsiouen-chou,* dont il existe deux éditions différentes, l'une complète, l'autre abrégée. « Les Chinois, dit le savant professeur, sont les premiers bibliographes du monde ; cependant, à la Chine comme en Europe, on avait trop multiplié dans l'origine les classes principales de la Bibliographie. Sous les Youen (dynastie Mongole), par exemple, on rapportait bibliographiquement toutes les connaissances à 14 et souvent à 20 classes principales. Des vues autrement profondes distinguent la bibliographie moderne des Thsing. Aujourd'hui les bibliographes admettent quatre classes principales 部 *(pou),* à savoir : les Livres Canoniques avec leurs commentaires *(King-pou),* l'Histoire *(Sse-pou),* les Sciences et les Arts *(Tseu-pou),* les Belles-Lettres *(Tsi-pou),* puis 44 subdivisions ou sections bibliographiques *(loui)* ».

On remarquera avec un certain étonnement que les ouvrages relatifs au Confucéisme figurent seuls à la première section de ce catalogue et que ceux qui traitent du Bouddhisme et du Taoïsme ne viennent que bien plus loin. L'écrivain *Ou-tching* y est mentionné comme le premier des commentateurs de Lao-tse et comme l'auteur de la division du *Tao-teh King* en 68 chapitres. Les principaux ouvrages sur la doctrine du Tao, depuis la dynastie des Soung jusqu'à nos jours, seraient au nombre de 24, dont 13 sous les Soung, 2 sous les Youen, 3 sous les Ming et 3 sous la dynastie Tartare-Mandchoue actuellement régnante.

Antoine Bazin est mort à Paris en janvier 1863.

Pauthier (Jean-Pierre-Guillaume), sinologue français, né à Besançon le 4 octobre 1801, décédé à Paris le 11 mars 1873. Après avoir servi deux ans et demi dans un régiment d'infanterie, il rentra en 1826 dans la carrière civile pour se consacrer à l'étude des langues orientales. Au début de sa carrière scientifique, il fut incertain, comme bien d'autres, sur la branche de ses études à laquelle il consacrerait son existence. Il eut même la velléité de se faire poète ; et de 1825 à 1830, il fit paraître successivement des élégies, des mélodies poétiques, une traduction en vers de lord Byron, etc. Il tenta ensuite d'apprendre le sanscrit et publia un *Essai sur la Philosophie des Hindous,* traduit de Colebrooke (1833-1834, in-8°). Ce ne fut que quelques années plus tard qu'il résolut d'entrer dans le domaine de la sinologie. A peine eut-il pénétré dans ce domaine, il éprouva le besoin de se mettre en rivalité avec Klaproth et avec Stanislas Julien qui lui témoignèrent l'un et l'autre des sentiments de la plus vive hospitalité.

Parmi ses travaux qui se rapportent à l'étude de la philosophie chinoise, il faut citer tout d'abord : Le 大學 *Ta-hio, le premier des Quatre livres moraux de la Chine,* en chinois, en latin et en français, avec le commentaire de Tchou-hi et des notes (1837, in-8°). Ayant compris ensuite, par la lecture de quelques articles rédigés par les missionnaires de Péking, le haut intérêt qu'il y avait à faire connaître des théories du philosophe Lao-tse, célèbre contemporain et rival de Confucius, il résolut de mettre au jour une édition du *Tao-teh King* dont s'occupait également Stanislas Julien. Il parvint à devancer ce dernier et, dès 1838, il publia le premier fascicule du texte et de la traduction de ce célèbre ouvrage. Nous avons dit, dans la notice consacrée plus haut à Stanislas Julien, quel était le caractère du livre commencé, mais non terminé, par Guillaume Pauthier. Il me paraît inutile d'y revenir ici.

Visant à obtenir une certaine somme de réputation dans le grand public, Pauthier fit paraître ensuite un ouvrage qui obtint quelques succès de librairie, sous le titre de : *Les Livres sacrés de l'Orient,* comprenant le Chou-king, les Sse-chou, les Lois de Manou et le Koran (1840, un vol. in-8°); puis *Confucius et Mencius ou les Quatre livres de philosophie morale et politique de la Chine* (1841, in-8° ; 4ᵉ édition, 1852). Un autre ouvrage, qui a contribué à faire connaître Pauthier en dehors du monde des spécialistes, est celui qu'il a inséré dans la grande collection de l'*Univers pittoresque,* sous le titre de *Chine ou Description historique, géographique de ce vaste empire,* d'après des documents chinois, 1ʳᵉ partie, comprenant un résumé de l'histoire et de la civilisation chinoises depuis les temps les plus anciens jusqu'à nos jours. (Paris, 1837 ; un vol. in-8°, avec planches). Pauthier, n'ayant point terminé cet ouvrage, les éditeurs Firmin Didot chargèrent Antoine Bazin de l'achever par un volume qui parut sous le titre de *Chine Moderne* (un vol. in-8°, avec planches) traitant des arts, de la littérature, des mœurs, de l'agriculture, de l'histoire naturelle, de l'industrie, etc. de l'empire Chinois.

Pendant toute la durée de sa laborieuse existence, Pauthier a fourni de nombreux articles à plusieurs des journaux et revues de son époque, notamment au *Globe,* à la *Nouvelle Revue Encyclopédique,* à l'*Encyclopédie des Gens du monde,* au *Journal Asiatique,* aux *Annales de Philosophie Chrétienne* de Bonnetty, à la *Revue Indépendante,* etc.

En 1859, il fut au nombre des membres fondateurs de la Société d'Ethnographie de Paris, à laquelle il communiqua notamment de très curieux résultats de ses recherches bibliographiques sur les plus anciens ouvrages publiés à diverses époques en

Chine par les Européens qui avaient résidé pendant quelque temps dans cet empire, et en particulier sur plusieurs ouvrages demeurés inédits et composés par d'anciens missionnaires français et étrangers.

Il a inséré en outre une introduction et des notes dans une édition française de la *Vie réelle en Chine*, de Milne, et a préparé une édition des *Voyages de Marco Polo*, enrichie de notes géographiques.

Rosny (Léon-Lucien PRUNOL DE), né à Loos, Nord, le 5 avril 1837. Les premiers éléments de l'éducation et de l'instruction lui furent donnés par son père. Plus tard, à l'âge de six ans, il fut placé dans l'Institution Châtelain, à Melun, où il reçut entre autres récompenses un second prix de grec et un prix de géographie. Bientôt une branche des sciences naturelles, la botanique, parut l'intéresser tout particulièrement. Son plus grand désir fut alors de posséder un exemplaire du *Systema plantarum* de Linné qu'il parvint à obtenir à son arrivée à Paris en 1843. A partir de ce moment, il s'occupa de l'étude des plantes avec la plus infatigable ardeur. Recommandé au Jardin des Plantes de Paris à la bienveillance de plusieurs fonctionnaires de cet établissement, il fut à même de se faire un herbier qui prit tout à coup une certaine importance, parce que le botaniste Webb lui fit don d'un grand nombre de doubles qu'il possédait dans son herbier bien connu des îles Canaries. Enfin, la Légation de Toscane lui remit une riche collection de plantes d'Italie préparée dans le but de l'offrir au comte de Paris qui n'avait pas jugé à propos de s'y intéresser.

Devenu peu après élève d'Adrien de Jussieu dont il suivait avec zèle les herborisations, il eut l'idée d'entreprendre des expériences sur le Cactus Opuntia dont Chevreul avait mis de nombreuses boutures à sa disposition. Ces expériences, dont il rendit compte à son maître, lui valurent de tels encouragements de celui-ci que sa carrière eût été certainement celle d'un naturaliste , si quelques circonstances imprévues ne l'avaient tout à coup détourné de la voie ,dans laquelle il était déjà entré.

En effet, lors de la Révolution de 1848, il quitta momentanément sa famille pour assister, avec une bande de ses camarades d'école, aux événements de cette période tourmentée. Le coup d'État du 2 décembre 1851 l'ayant dégoûté de la politique, il retourna à ses études favorites premières, la botanique. Une circonstance particulière fit alors dévier le jeune Léon de Rosny de la voie qu'il avait déjà suivie pendant plusieurs années. Son maître de mathématiques, Charles de Labarthe, pour le reposer des calculs différentiels, eut l'idée de lui parler un jour de la Chine, de Confucius, de Lao-tse et de l'écriture chinoise. La curiosité éveillée lui donna le désir de pénétrer dans le vaste domaine de l'orientalisme. Il devint de la sorte l'élève de Caussin de Perceval pour l'arabe, de Dulaurier pour le malais et le javanais, de Hase pour le grec moderne, de Levaillant de Florival pour l'arménien, de Garcin de Tassy pour l'hindoustani, de Foucaux pour le tibétain et de Bazin pour le chinois moderne, en même temps qu'il allait prendre des leçons de l'évêque Pallegoix pour étudier la langue siamoise. Au bout de quelque temps, il s'aperçut qu'il ne lui était pas possible d'apprendre autant d'idiomes à la fois et peu à peu il ne suivit plus que les cours de langue chinoise.

Devenu, dans ce but, auditeur assidu de Stanislas Julien au Collège de France, celui-ci le prit en amitié et l'encouragea à étudier seul l'idiome du Japon, alors inconnu des orientalistes français. Il se mit, pour y réussir, en relation avec le D^r

August Pfizmaier, de Vienne, et le Dr J. Hoffmann, de Leide, les deux seuls savants qui s'étaient alors initiés à la connaissance du japonais. Pour subvenir aux dépenses de ses études, il entra à la rédaction de la *Presse,* alors successivement

LÉON DE ROSNY

dirigée par Adolphe Guéroult, par Peyrat et par Nefftzer. Plus tard, il collabora au *Temps,* fondé par ce dernier journaliste.

Dès que M. de Rosny eut résolu d'aborder la langue japonaise, langue à la connaissance de laquelle Klaproth et Abel Rémusat avaient dû renoncer, il s'entoura des éléments de travail les plus indispensables pour guider son travail et ses recherches ; et c'est à l'aide d'un fort petit nombre de textes bilingues chinois-japonais qu'il parvint à s'initier et à se familiariser bientôt avec les différents styles de l'idiome du Yamato. Il entreprit à cette époque la composition d'un *Dictionnaire Japonais-Français* qui devait lui prêter un énorme secours dans ses premières tentatives de traductions. Pour compléter les éléments de cette œuvre de lexicographie, il se rendit en Angleterre avec une mission du Ministère de l'Instruction publique et rencontra, tant à Londres qu'à Oxford, plusieurs livres qui l'aidèrent à remplir sa tâche. L'écriture japonaise se présentait pour M. de Rosny sous des formes multiples très compliquées et était représentée par plusieurs syllabaires distincts, tantôt par le *hira-kana*, avec des variantes infiniment diverses de ses signes, tantôt par un nombre presque illimité de signes empruntés à l'écriture chinoise et tracés sous les formes les plus cursives et les plus abrégées. Après une étude approfondie de ces divers systèmes graphiques, M. de Rosny en exposa les principes dans son *Introduction à l'étude de la langue Japonaise* qui fut le premier essai de Grammaire japonaise publiée en Europe avec le concours indispensable des signes de l'écriture idéographique et syllabique en usage chez les indigènes du Japon.

Peu après le départ de la première ambassade japonaise envoyée à Paris en 1862, M. de Rosny, alors simplement chargé d'un cours libre de langue japonaise à l'École des Langues Orientales, fut nommé professeur titulaire à la suite de la création de sa chaire de Japonais par décret du 24 mai 1868.

A la requête de plusieurs Chambres de Commerce, le Ministre de l'Agriculture le chargea de la traduction d'un *Traité de la culture du mûrier et de l'éducation des vers à soie au Japon*, dont une copie venait d'être envoyée en France. Une traduction des termes techniques dont fourmillait cet ouvrage devait l'effrayer ; il s'en tira, et cette traduction fut imprimée à l'Imprimerie Impériale avec de nombreuses planches en noir et en couleurs. Deux éditions et une traduction italienne virent le jour presque en même temps.

Parmi d'autres publications, il faut citer, en 1871, sa belle *Anthologie Japonaise,* dont Stanislas Julien le félicita en termes des plus flatteurs. Nous devons mentionner aussi son édition du *Ni-hon Syo-ki,* l'un des livres canoniques de l'antiquité japonaise, traduit en français et accompagné d'un commentaire perpétuel que M. de Rosny a jugé à propos de composer lui-même en langue chinoise, pensant qu'il pouvait intéresser les lettrés de l'Extrême-Orient encore plus que les Européens.

Les publications sinologiques du même orientaliste ne sont pas moins importantes, telles que le *Hiao-king* ou Livre sacré de la Piété filiale, avec le texte original et la traduction française ; son édition commentée de l'antique *Chan-haï-king,* considéré comme la plus ancienne géographie du monde. M. de Rosny a également composé, et cela à l'aide d'immenses matériaux recueillis pendant trente-cinq ans de labeur incessant, un grand *Trésor de la langue Chinoise,* à l'impression et à la publication duquel l'énormité colossale des dépenses l'a contraint à renoncer.

C'est à lui qu'est due, à l'École spéciale des Langues Orientales vivantes, la création des fonctions de « Répétiteur indigène » auprès de chaque cours. On lui doit aussi la fondation de la Société d'Ethnographie, dont il fut plusieurs fois élu président. M. de Rosny fut enfin le fondateur du Congrès international des Orientalistes, dont la première session eut lieu à Paris, en 1873, sous sa présidence.

Non satisfait d'avoir provoqué des sessions périodiques du

Congrès international des Orientalistes, il fonda, avec le concours de M. le baron Textor de Ravisi, le Congrès Provincial des Orientalistes qui eut de brillantes sessions à St-Étienne, à Lyon et à Marseille. C'est aussi à son initiative qu'est due la fondation de la Société Américaine de France pour l'étude du Nouveau-Monde dans les temps antérieurs à la découverte de Christophe-Colomb. Grâce à sa légitime influence dans cette société, il parvint à faire disparaître le discrédit qui avait pesé jusqu'alors d'une façon désastreuse sur les travaux relatifs à l'archéologie mexicaine.

Encouragé par les archéologues les plus éminents de l'époque, notamment par Adrien de Longpérier, il fit paraître en 1871 le résultat de ses études de paléographie yucatèque dans un volume in-folio, orné de nombreuses planches en couleurs et intitulé : *Essai sur le déchiffrement de l'écriture hiératique de l'Amérique Centrale.*

En 1881, M. de Rosny photographia, à Bâle, l'important monument dit de Bernouilli, qu'il reproduisit par l'héliogravure dans un ouvrage intitulé : *Les Documents écrits de l'antiquité américaine.* (Paris, 1882 ; un vol. in-4°, avec planches).

Dans ses travaux ethnographiques, M. Léon de Rosny, tout en reconnaissant que les nombreux groupes de l'espèce humaine convergent nécessairement vers une unité finale, déclare que cette unité ne peut s'accomplir qu'après de longs siècles d'efforts et que, jusque là, il y a lieu de s'intéresser surtout au mouvement civilisateur spécial de chaque nation en particulier. Il pensa donc qu'il fallait créer, constituer une science nouvelle dont le but serait d'étudier ce qu'il appelait « les Nationalités normales ». C'est dans cette pensée qu'il fonda à Paris, en 1859, la Société d'Ethnographie, avec le concours de Brasseur de Bourbourg, de Charles de Labarthe et de Jomard.

Cette Société, qui compte plus de quarante années d'existence, a été reconnue comme Établissement d'utilité publique par décret du 14 juin 1880.

Dans l'intérêt de ses différents genres de travaux scientifiques, M. de Rosny a entrepris de nombreux voyages et a résidé successivement dans diverses contrées de l'Europe. Quelques-uns de ses voyages ont motivé des publications dont la plus importante est celle qui est intitulée *Les Populations Danubiennes* et qui forme un volume in-4°, accompagné d'un atlas in-f° de cartes et de planches. A la suite de son séjour en Finlande, il a fait paraître un livre intitulé *Le pays des dix mille lacs*, dont il a paru successivement plusieurs éditions enrichies de gravures. Ses impressions sur l'Espagne et sur le Portugal se trouvent consignées dans un livre intitulé *Taureaux et Mantilles*, dont il a paru également de nombreuses éditions, dont une de grand luxe.

Les sciences morales et philosophiques ne l'ont point laissé indifférent. Loin de là ; mais avant d'aborder l'étude des graves problèmes qu'elles soulèvent et qui avaient captivé tout particulièrement son esprit dès sa première jeunesse, il voulut passer de longues années à réfléchir. Ce ne fut donc qu'en 1887, qu'il se décida à faire connaître ses théories dans un livre auquel il a donné le titre de *Méthode conscientielle* et dont un de ses meilleurs élèves, M. Bourgoint-Lagrange, vient de publier un résumé des plus lucides et des plus intéressants.

Appelé en 1886, par le Ministre de l'Instruction publique, à faire à l'École des Hautes-Études des conférences sur les Religions de l'Extrême-Orient et de l'Amérique Indienne, il s'occupa tout particulièrement du Bouddhisme dans des leçons qui réunirent un auditoire enthousiaste pour cette grande philosophie Indienne. Il traita également à la Sorbonne du Taoïsme

et donna sur le livre de Lao-tse des interprétations à bien des
égards différentes de celles des autres sinologues. Il signala
enfin, dans le Sintauïsme du Japon, une haute Idée Trinitaire
qui n'avait pas été suffisamment comprise jusqu'à présent.
L'éloquence du professeur et sa grande science sur ces matières
lui valurent un auditoire aussi zélé que nombreux. Enfin,
dans des conférences libres, M. de Rosny s'est donné la mission
d'étudier les sublimes préceptes de morale et de sociologie
enseignées au monde par Jésus-Christ et par les apôtres les
plus éminents du Christianisme.

Nous ne pouvons terminer cette brillante biographie, mais
trop incomplète eu égard aux importants travaux de
M. de Rosny, sans jeter un regard d'admiration sur l'Alliance
Scientifique universelle, magnifique assemblage des sommités
savantes et humanitaires de tous les pays du monde à la
présidence de laquelle il a été plusieurs fois appelé par les
suffrages des Comités et des Délégations qui en forment les
nombreux rameaux.

Il serait trop long de donner ici une liste même abrégée de
ses diverses publications. Je possède un catalogue contenant
cent cinquante numéros d'ordre des travaux de ce savant
orientaliste. Ce chiffre seul suffit et n'a pas besoin de
commentaires.

Harlez DE DEULIN (Mgr Charles-Joseph DE), naquit à
Liège le 21 août 1832. Après avoir fait de brillantes études à
l'Université, il obtint le grade de docteur en droit et revêtit
l'habit ecclésiastique. Bientôt il fut appelé à remplir à titre
provisoire des fonctions de directeur du Collège Épiscopal de
St-Quirin, à Huy, dont il devint le directeur effectif deux ans
plus tard. Nommé chanoine, il fut chargé de diriger une École

Normale dont le programme d'enseignement était trop vaste pour sa constitution délicate. Après quatre années d'un rude labeur, il dut renoncer à ses fonctions, pour aller demander le retour de sa santé dans sa ville natale. Sur le conseil de son évêque, il s'adonna à l'étude de la linguistique et bientôt il se pénétra de cette pensée de Leibnitz que les langues sont le parfait miroir de l'esprit humain.

Rentré à Louvain en 1876, nous le voyons successivement, dans ses études, passer de l'Inde à la Mongolie, de la Mongolie à la Chine. Guidé par un goût délicat de lettré, il nous a donné une charmante traduction des chants populaires de la Hongrie.

Ses connaissances en sanscrit apparaissent dans tous ses travaux scientifiques. Il étudia également le zend, le pehlvi : On lui doit deux grands travaux sur l'Avesta qui parurent successivement à Liège de 1873 à 1877. Une seconde édition de cette œuvre importante, revue et complétée, a été publiée à Paris en 1883, précédée d'une introduction qui à elle seule constitue un ouvrage de haute valeur en 240 pages.

D'autre part, la littérature chinoise, si vaste, si pleine de mystères et sujette à tant de controverses, sollicita son activité et tenta son audacieux esprit d'initiative.

Parmi les travaux de Mgr de Harlez, nous nous bornerons à citer les suivants : *Origine du Zoroastrisme*, Paris, 1899 ; — *Études Avestiques*, Paris, 1888 ; — *De l'Exégèse et de la correction des textes avestiques*, Leipzig, 1883. On lui doit également une traduction de l'*Avesta* qui a paru dans les Annales du Musée Guimet, une Grammaire sanscrite en deux éditions, et plusieurs traductions de textes sanscrits dans sa revue intitulée *Le Muséon*. En 1884, il nous a donné un Manuel de langue Mandchoue, avec grammaire, anthologie et lexique. Dans la revue que nous venons de citer, il a inséré une étude un peu humoristique sur la *Médecine chez les Chinois.* Mentionnons aussi son Manuel de la Philosophie bouddhique, en sanscrit, en chinois, en tibétain, en mongol et en mandchou, traduit et commenté.

Mgr de Harlez s'est ensuite occupé du 易 經 *Yih-king,* dont il a critiqué le texte avec la pensée qu'il avait trouvé la clef des mystères qu'il renferme.

Ce savant prélat a collaboré à un grand nombre de revues anglaises, allemandes, belges et françaises. De la solitude de sa retraite forcée, il a envoyé des rapports ou des lectures au Congrès des Orientalistes de Vienne, de Stockholm, de Berlin, de Londres, de Chicago, de Genève et au Congrès International des Américanistes. Il s'est intéressé à l'histoire et à la langue des peuples les plus divers : Hongrois, Malgaches, Péruviens, habitants des Montagnes Rocheuses, habitants de l'île de Pâques, etc.

Nous ajouterons à cette bien incomplète biographie de Mgr de Harlez la mention de quelques-uns des travaux qu'il a communiqués à la Société d'Ethnographie de Paris, dont il était membre perpétuel, savoir : *Poésies chinoises,* traduites en français, Paris, 1893 (Comité Sinico-Japonais); — *Koueh-yu, Discours des États,* traduits pour la première fois du chinois, Paris, 1894 (même Comité).

Dans le domaine des sciences philosophiques et religieuses, nous devons à Harlez plusieurs travaux remarquables à plus d'un titre, notamment les suivants : *Lao-tse, le premier philosophe chinois ou Un précurseur de Schilling, au VIe siècle avant notre ère.* (Présenté à la classe des lettres de l'Académie Royale de Belgique, le 13 octobre 1884 et publié en 1885); — *Le Livre du Principe Lumineux et du Principe Passif, Shang-*

Tsing-tsing-king; — *Le texte originaire du Yih-king.* Paris, Imprimerie Nationale, 1887 ; — *Tsich-yao-tchouen,* de Tchou-hi (dans le *Journal of the R. Asiatic Society of Great Britaim and Ireland)* ; — *Tcheou-tze Tsieh-yao-tchem.* Résumé de la philosophie de Tchou-hi ; — *La Religion Nationale des Tartares Orientaux, Mandchoux et Mongols,* avec le Rituel Tartare de l'empereur Kien-long. Louvain, 1887 ; — *Les croyances reli-gieuses des premiers Chinois* (publié par l'Académie Royale de Belgique, 1888) ; — *Kia-li, le Livre des Rites domestiques* de Tchou-hi, traduit pour la première fois avec commentaires. Paris, Ern. Leroux, éditeur, 1889 ; — *La Religion en Chine,* à propos du dernier livre de M. Albert Réville ; — *I-li, Céré-monies de la Chine antique,* avec extraits des meilleurs com-mentaires, traduits pour la première fois, 1890 ; — *San-li-tu,* Tableau des Trois Rituels. Paris, Imprimerie Nationale, 1890 ; — *L'École philosophique moderne de la Chine* ou le Système de la Nature *(sing-li).* Bruxelles, 1890 ; — *Les Religions de la Chine,* Aperçu historique et critique. Leipzig, 1891 ; — *Tchou-hi était-il Athée :* Tchou-hi et le P. Legall, s. d.

Tchou-hi est le célèbre philosophe qui résuma, commenta et fit triompher les doctrines de l'École nouvelle, ou École du système de la Nature fondée au XIᵉ siècle par un groupe de philosophes novateurs. Persécuté pour sa doctrine qui semblait contredire celle des *King,* Tchou-hi mourut dans l'exil et la disgrâce ; mais, après sa mort, sa mémoire fut réhabilitée et l'influence de ses enseignements est assez grande encore sur les lettrés chinois.

Dans les variétés sinologiques publiées par les Missionnaires de Changhai, le P. Legall, qui y donne un fragment de texte avec traduction et introduction, affirme que Tchou-hi était athée. Il soutient cette opinion contre le célèbre sinologue anglais J. Legge et d'autres encore et pense la prouver par le texte même qui fait la matière fondamentale de son étude. Là en effet il semblerait que le penseur chinois ne reconnaît dans l'être primitif, dans la substance de l'être que le *khi* ou « matière » et le *li* ou « principe rationnel », immanant à la matière et inséparable de celle-ci.

Si on s'en tenait à ce seul texte, il serait assez difficile d'excuser Tchou-hi d'athéisme, ou plutôt de panthéisme, car le *li* serait incontestablement le principe intelligent immanent en tout être, le grand Tout du panthéisme. Mais pour juger un auteur on ne peut se contenter de consulter un seul passage de ses œuvres : il faut en considérer l'ensemble et voir si dans d'autres endroits il ne s'exprime pas d'une manière différente de celle que les mots sembleraient comporter à première vue.

Il en est certainement ainsi en ce qui concerne Tchou-hi.

En différents endroits, notre philosophe s'exprime d'une façon qui ne laisse place à aucun doute.

Ainsi nous lisons au *Tchou-tze-tzie-yao*, au chapitre de la Domination de soi-même, ces paroles de Tchou-hi : « Faites toutes vos actions comme en présence du 上帝 *Chang - li*, — comme le sachant présent ».

Évidemment ce *Chang-li* est bien le Dieu personnel des vieux *King*. Supposer que ce soit un agent cosmique matériel et que la pensée de cet être matériel, aveugle, puisse nous rendre circonspects dans nos actions, nous prémunir contre tout danger de faute morale, c'est attribuer à Tchou-hi une absurdité dont il était incapable. Ailleurs en différents endroits, Tchou-li parle du 天 *Tien* de façon que l'on doit nécessairement voir en ce mot la désignation d'un être personnel, intelligent, maître du ciel et de la terre.

L'étude de Mgr d'Harlez sur Mi-tze, dit le philosophe de

l'Amour universel, n'est pas moins intéressante pour nos études. Nous en extrairons les passages suivants.

Mi-tze est un penseur chinois, le moins connu parmi ceux dont les écrits ont une valeur philosophiques incontestée. Cependant il mériterait un rang plus honorable parmi ses pareils de l'Empire des Fleurs. On ne peut méconnaître chez lui des idées originales et un système qui devait attirer l'attention des historiens de la pensée humaine. Au point de vue moral et politique, il est infiniment au-dessus des plus grands génies de la Grèce.

L'oubli complet dans lequel il est resté, bien plus cette espèce de réprobation dont il a été frappé dans sa patrie, sont dus aux anathèmes prononcés contre lui par 墨 子 *Meng-tze*, l'illustre disciple et continuateur de *Kong-fou-tze*, dont les œuvres ont pris rang parmi les Canoniques de la Chine:

Meng-tze, en effet, aux yeux duquel les principes de Mi-tze semblaient propres à ébranler les fondements de l'édifice social, leur fit une guerre acharnée et les marqua d'une flétrissure qui ne s'est jamais effacée. Tous les lettrés, obligés par profession à étudier les écrits de l'adversaire de Mi-tze, influencés par cette sentence si catégorique du Maître, ont tenu soigneusement à l'écart les œuvres ainsi condamnées. Aussi le savant sinologue allemand Faber, pendant son séjour en Chine, ne put s'en procurer aucun exemplaire et dut se contenter d'une copie faite sur celui que le Dr J. Legge possède en sa bibliothèque privée.

Mi-tze était cependant digne d'un meilleur sort et l'accusation portée contre lui par Meng-tze était certainement injuste. Le disciple de Kong-tze s'était trompé en attribuant à Mi-tze non point simplement la doctrine de « l'amour de tous les hommes », mais aussi celle de l'amour égal pour tous les humains, quels qu'ils fussent. Or les enseignements de Mi-tze n'impliquent nullement un principe qui détruit la Piété filiale, le dévouement aux souverains et tous les devoirs particuliers. L'animosité de Meng-tze était telle qu'il confond le prédicateur du dévouement universel avec celui de l'égoïsme absolu, avec le *Yang-tchu*, que l'on peut appeler justement l'Épicure de la Chine.

Mais qui était donc ce philosophe qui joua, un moment, un si grand rôle dans l'empire Chinois et suscita tant de colères ? Mi-tze, qui le croirait ? était un officier supérieur d'un des petits états feudataires qui divisèrent la Chine jusqu'au milieu du IIIe siècle A. C. Il appartenait à l'état de *Lou,* situé tout à l'orient de la Chine, s'il faut en croire le 春秋 *Tchun-tseou,* de *Liu-chi;* mais la plupart des historiens le font natif de l'état de *Song.* Son premier nom était *Ti;* son nom d'adulte fut *Mi,* ce qui le fait souvent appeler du double nom de *Mi-ti.* On ne sait rien de sa naissance, ni même de sa vie, si ce n'est qu'il acquit une réputation méritée dans l'art de fortifier et de défendre les cités, comme par sa gestion économe et prudente.

Le temps où il vécut n'est pas même connu avec certitude. Ce fut certainement avant Meng-tze qui parle de Mi-ti comme d'un personnage disparu, et après Wen-tze qu'il cite parfois, c'est-à-dire entre les dernières années du Ve et le dernier quart du IVe siècle.

Il acquit de son temps une grande renommée, à tel point que Meng-tze disait avec effroi : « Les paroles de Yang-tchu et de Mi-tze remplissent le monde. On ne parle que des principes de l'un ou de l'autre. Si l'on n'arrête pas la diffusion de leurs doctrines et ne propage pas celles de Kong-tze, ces enseignements funestes entraîneront le peuple et c'en sera fait de la bonté et de la justice. En ce cas, les bêtes féroces dévoreront les hommes et les hommes s'entredévoreront. S'ils pénètrent dans les pratiques gouvernementales, le gouvernement est perdu ». Ces flétrissures, tout injustes qu'elles fussent en ce qui concerne Mi-tze, eurent leur effet. L'école de Mi-tze décrut promptement et fut anéantie sous le règne de *Chi Hoang-ti*, le destructeur des livres. Les écrits de Mi-tze échappèrent aux flammes, mais restèrent dans l'ombre.

Meng-tze avait employé toute son influence auprès des cours pour faire réprouver les disciples de celui qu'il poursuivait de sa haine. Il opéra ainsi de nombreuses conversions : il prêchait à ses disciples d'accueillir les convertis sans autre épreuve que l'abjuration de leurs doctrines antérieures (Voir *Meng-tze*, III, I, ch. 5, et VII, ch. 26). Il était du reste assez aisé d'éloigner les fragiles mortels d'une école où l'on enseignait le dévouement, la charité qui renonce à son superflu pour le laisser au peuple.

Mi-tze laissa des disciples qui se divisèrent et se disputèrent entre eux.

Mgr de Harlez est décédé le 14 juillet 1899.

Régis (le P. Jean-Baptiste), jésuite français, né à Bourg d'Istres, Provence, le 14 septembre 1664. Résolu de bonne heure à embrasser la carrière ecclésiastique, son esprit curieux lui fit faire des efforts pour être envoyé comme missionnaire dans l'empire Chinois. Son savoir en mathématiques attira, bientôt après son arrivée dans ce pays, l'attention de l'empereur Khanghi, de la dynastie Tartare-Mandchoue des *Taï-thsing* qui régnait alors dans ce pays. Sous les auspices de ce célèbre monarque, il entreprit, en 1708, avec le concours de plusieurs autres missionnaires, entre autres les PP. Jartoux, Fridelli, Cardoso, Bonjour, Maillac et Bouvet, de dresser successsivement la carte générale du Royaume du Milieu et des pays voisins soumis à l'autorité du Fils du Ciel.

Le P. Regis avait acquis une solide connaissance, non seulement de la langue chinoise vulgaire, mais encore du *kou-wen* ou style ancien de cet important idiome de l'Asie Centrale et de l'Extrême-Orient. Il profita de sa profonde érudition et des relations quotidiennes qu'il avait établies avec les lettrés les plus éminents de Péking pour composer une traduction latine avec commentaire de l'un des livres les plus antiques de la Chine, le 易 經 *I-king*, ouvrage très curieux, mais profondément énigmatique, que l'on désigne communément sous le titre de Livre sacré des Transformations, dans lequel se trouve exposé le système des *koua* ou trigrammes dont on attribue l'invention à l'empereur Fouh-hi. La traduction du P. Regis est restée longtemps inédite. Il en existe une copie à la Bibliothèque Nationale de Paris et une autre à la Bibliothèque du Bureau des Longitudes, où se trouvent quelques autres manuscrits non encore publiés du savant missionnaire. Sa traduction a fini enfin par être publiée à Stuttgard, sous le titre suivant : *Y-king, Antiquissimus Sinarum liber quem ex latina interpretatione P. Regis, aliorumque ex Soc. Jesu P. P.*, edidit Julius Mohl, 1834; deux vol. in-12.

Bien que, depuis cette époque, le *Y-king* ait été l'objet de nombreux travaux dans l'orientalisme et notamment d'une savante traduction anglaise par le Rev. James Legge, l'origine, l'histoire et l'interprétation de ce vieux document unique en son genre exigent encore de nombreuses recherches qui ne peuvent être entreprises que par des personnes ayant acquis une sérieuse connaissance de l'idiome des riverains du Fleuve Jaune. Un des membres de la Société d'Ethnographie, qui possède une intelligence très remarquable de cet antique idiome, M. Jacques Tasset, par plusieurs de ses communications, nous permet d'espérer des lumières tout à fait inattendues sur les idées philosophiques et religieuses contenues dans le *Y-king*. Les savants qui voudront s'engager dans cette voie, malgré les nombreux écrits publiés de temps à autre sur le Livre des Transformations, auront cependant le plus grand intérêt à recourir parfois à la traduction et aux commentaires du P. Regis, qui est décédé à Péking, le 24 novembre 1838.

Noël (François), sinologue allemand, né le 27 octobre 1639. Devenu jésuiste, il fut envoyé comme missionnaire en Chine vers la fin de l'année 1667. Ayant acquis de solides connaissances sinologiques, il se signala tout d'abord par d'importants travaux relatifs à l'astronomie et aux sciences mathématiques des Chinois. Parmi ses nombreux ouvrages, nous avons à signaler ici les suivants : *Sinensis imperii Libri Classici sex*. Prague, 1711, in-4o. Bien que la traduction de cet ouvrage soit intéressante à plus d'un titre, Abel-Rémusat reproche à ce missionnaire d'avoir presque toujours mêlé aux phrases courtes et substantielles du texte les gloses ou les définitions des commentateurs, tandis qu'il aurait dû les rejeter en note. « Ce n'est plus, dit Rémusat, ni la gravité énergique de Confucius, ni la spirituelle malignité de Mencius ; c'est la lourde et indigeste latinité d'un scholastique du moyen-âge » ; — *Philosophia Sinica*. Prague, 1711, in-4o, ouvrage traitant des idées que professent les Chinois sur l'existence de Dieu, sur le culte des morts et sur les devoirs de l'homme vis-à-vis de sa famille et de la société. Les témoignages de sympathie que le père Noël donna aux Chinois dans cet ouvrage lui valurent la désapprobation de la cour de Rome,

et l'ont fit de grands efforts pour en faire disparaître les exemplaires.

Le P. Noël mourut en 1728.

Intorcetta (Prosper), sinologue italien, né à Piazza
le 27 mai 1625. Après avoir commencé ses études au Collège
de Catane, il demanda à entrer dans la Société de Jésus, qui
l'envoya en Chine en 1656. Peu après son arrivée dans ce pays,
il fut dénoncé aux autorités locales comme chef de brigands. Il
fut alors arrêté et envoyé à Péking, où il fut condamné avec
un certain nombre de ses coreligionnaires à recevoir la baston-
nade et à être exilé en Tartarie. La peine toutefois fut com-
muée et le Rév. P. Intorcetta en fut quitte pour aller en prison
à Canton, où il trouva moyen de se faire remplacer par un
religieux de Macao, afin d'aller porter les doléances de sa
mission à Rome, où il arriva en 1671.

Auteur de plusieurs ouvrages rédigés en langue chinoise, le
P. Intorcetta a fait paraître en 1662, à Kiang-tchang-fou, dans
la province de Chan-si, une édition du 大學 *Ta-hioh* ou Grande
Étude, avec une traduction du P. Ignace de Costa, jésuite
portugais, le tout gravé sur planche de bois et imprimé dans
la forme ordinaire des ouvrages chinois. On cite en outre de
cet habile jésuite une édition rarissime du 中庸 *Tchoung-
young* ou l'Invariabilité dans le Milieu, ouvrage confucéiste,
édition qui parut sous le titre de *Sinarum Scientia politico-
moralis*, qui fut imprimé, dit-on, partie à la chinoise dans la
ville de Canton et partie à l'européenne dans la ville de Goa en
1667 ou 1669. C'est cette dernière particularité qui fait désigner cet ouvrage par les bibliophiles sous le titre de « édition
de Goa ». On mentionne enfin du même missionnaire la publi-

cation du commencement du *Lun-yu* ou Entretiens de Confucius et de ses disciples, ouvrage paru sans lieu ni date d'impression.

Le P. Intorcetta est mort le 3 octobre 1696.

Léontief (Alexis), sinologue russe, né en 1735. Il occupa les fonctions de secrétaire du Collège Impérial des Relations étrangères et fut membre de l'Académie des Sciences de Saint-Pétersbourg. Il s'était adonné à l'étude de la langue Chinoise et de la langue Mandchoue. Parmi ses publications, nous avons à citer sa traduction en russe d'un *Traité de psychologie* composé par Depej, natif de Zisi, dans l'année 1736 de notre ère. On doit également à Leontief la traduction en russe des trois premiers ouvrages du recueil des *Quatre Livres classiques* de l'École de Confucius. Le dernier de ces trois ouvrages ne paraît pas avoir été complètement traduit par ce sinologue russe.

Leontief est mort à Saint-Pétersbourg le 14 mai 1786.

Gaubil (Antoine), sinologue français, né à Gaillac, Languedoc, le 14 juillet 1689. S'étant fait admettre, en 1704, à la Compagnie de Jésus, il partit en 1723 pour la Chine où, dès son arrivée, il se mit à étudier avec ardeur les langues chinoise et tartare-mandchoue. On rapporte qu'il acquit une connaissance si profonde de ces idiomes que les plus savants lettrés du Céleste Empire venaient de temps à autre le consulter pour obtenir de sa profonde érudition sinologique l'intelligence de certains passages difficiles des anciens livres de leur pays. Outre d'importants travaux sur l'astronomie chinoise, on lui doit plusieurs beaux ouvrages d'histoire et de chronologie. C'est toutefois par sa traduction du second livre canonique de la

Chine antique qu'il a pris rang parmi les plus célèbres orientalistes de son époque. Cette œuvre, encore très estimée de nos jours, a été publiée après sa mort sous le titre suivant : *Le Chou-king, un des livres sacrés des Chinois qui renferme les fondements de leur ancienne Histoire, les Principes de leur Gouvernement et de leur Morale,* ouvrage recueilli par Confucius ; traduit et enrichi de notes, par feu le P. Gaubil, missionnaire à la Chine ; revu et corrigé sur le texte chinois, accompagné de nouvelles notes, de planches gravées en taille douce et d'additions tirées des Historiens originaux, dans lesquelles on donne l'Histoire des Princes omis dans le *Chou-king,* par M. de Guignes. Paris, 1770, in-4°. Ce « Deguignes », qui a publié sous son nom, en le détériorant par le fait de son ignorance, le *Dictionnaire Chinois-Latin* du P. Basile de Glémona, prétend avoir collaboré à la grande œuvre du P. Gaubil pour laquelle il a été tout au plus un correcteur d'épreuves.

Le P. Gaubil est décédé le 24 juillet 1759.

Mohl (Jules), iraniste et sinologue allemand, naquit à Stuttgard, le 25 octobre 1800. Au début de sa carrière, il avait résolu de remplir les fonctions de missionnaire évangélique, et, après avoir fait ses études au Gymnase de sa ville natale, il entra à l'Université de Tubingen où il s'occupa avec succès de théologie et obtint, en 1821, un prix pour un mémoire mis au concours pour résumer « les idées des apôtres sur l'état des âmes après la mort ». Son amour de la philosophie ne pouvant guère se concilier avec la carrière pastorale, il résolut d'entrer dans une autre voie que celle qu'il avait choisie tout d'abord. Il justifia de la sorte une parole qu'il se complaisait sans cesse à répéter : « L'étude des idées qui ont régi l'humanité doit être le but de ma vie ». Convaincu que l'orientalisme pouvait servir puissamment à la réalisation de ses desseins, il se rendit à Paris, en 1823, et suivit avec assiduité les cours de Sylvestre de Sacy. La connaissance du chinois le préoccupa tout d'abord et il fit paraître successivement la traduction de deux des livres canoniques de la Chine antique, d'après des traductions latines qui avaient été composées par des missionnaires, la première sous le titre de *Confucii Chi-king, sive Liber Carminum, ex latina P. Lacharme interpretatione,* edidit Julius Mohl. Stuttgardiæ, 1830; in-8º. — La seconde sous le titre de *Y-king, Antiquissimus Sinarum liber, quem ex latina interpretatione P. Regis, aliorumque ex Soc. Jesu PP.,* edidit Julius Mohl; Stuttgardiæ et Tubingæ, 1834.

La Perse ancienne avait également eu l'art de l'intéresser d'une façon toute particulière et il publia en collaboration avec Olshausen, des *Fragments relatifs à la religion de Zoroastre,* extraits des manuscrits persans de la Bibliothèque du Roi. Paris, Imprimerie Royale, 1829, in-8º.

En 1842, Jules Mohl devint Français et reçut ses lettres de grande naturalisation. Deux années plus tard, il fut élu, pour remplacer Burnouf père, à l'Académie des Inscriptions et Belles-Lettres.

Dès 1840, il avait été chargé des fonctions de secrétaire de la Société Asiatique de Paris, fonctions qu'il sut remplir jusqu'à sa mort avec un zèle et un talent tout à fait hors ligne. Il publia notamment, sans interruption, des *Rapports annuels* sur les travaux de cette Société et sur les progrès des études orientales dans les différents pays du monde. Ces Rapports, qui sont considérés dans leur genre comme de véritables chefs-d'œuvre, ont contribué à donner à Jules Mohl une situation tellement prépondérante dans l'orientalisme français, que c'est à peine si l'on peut citer quelques cas où une élection concernant ce domaine ait été accomplie, soit à l'Institut de France, soit dans un de nos établissements d'enseignement supérieur, sans qu'il ne l'ait pas préalablement approuvée. D'une activité de tous les instants, il ne manquait jamais une occasion de dire à qui voulait l'entendre qu'il devait le succès de sa carrière et le bonheur de sa vie à l'aimable compagne de son existence. La mort subite de son frère Robert, qu'il apprit vers la fin de l'année 1875, altéra tout d'un coup sa santé et le fit mourir le 4 janvier 1876.

Labarthe (Jean-Charles DE), orientaliste et philosophe français, né à Paris, le 26 mai 1812. Appartenant à une famille pauvre, mais doué d'un esprit profondément chercheur, il se livra dès sa plus tendre jeunesse à l'étude en quelque sorte simultanée de toutes les branches de la science. Convaincu que les peuples de l'Orient avaient entrevu, avec une grande puissance intellectuelle, la solution possible des plus hauts problèmes relatifs à la destinée humaine et à la décevante énigme de l'évolution des forces de la Nature, il se décida tout d'un coup à suivre concurremment les différents cours de l'École des Langues Orientales. Sa mémoire prodigieuse, qui lui avait permis de comprendre en quelques semaines suffisamment l'anglais et l'allemand pour pouvoir se servir sans difficulté des livres écrits dans ces deux idiomes, lui permit de faire, notamment en chinois, des progrès qui étonnèrent au plus haut degré Bazin, son professeur, et bien autrement encore les quelques condisciples qui se trouvaient au cours de ce dernier. « En moins de quinze jours, comme le rapporte Léon Cahun, de la Bibliothèque Mazarine, Charles de Labarthe avait acquis la connaissance, non seulement des clefs et des phonétiques chinoises, mais encore la plupart des sens d'environ 6,000 signes différents ». Ces résultats à peine croyables n'étaient cependant pas de nature à surprendre ceux qui lui avaient vu faire avec une rapidité vertigineuse de longs calculs de mathématiques. A la suite d'un banquet de la Société d'Ethnographie, la conversation s'étant portée sur les phénomènes mnémotechniques de l'esprit humain, Charles de Labarthe proposa à ses collègues de faire devant eux et sans rien écrire plusieurs longs calculs d'arithmétique. Cinq des personnes présentes énoncèrent alors chacune séparément un nombre composé de sept chiffres et Labarthe en fit connaître presque instantanément le total. Un instant après, il

CHARLES DE LABARTHE

fit de tête une multiplication de 5 chiffres par 5 chiffres que tous les assistants accomplirent de leur côté à l'aide d'un crayon. Non seulement Labarthe donna le résultat exact avant que personne ne l'ait obtenu sur le papier, mais il put fournir, instantanément et sans hésiter, les chiffres de chacune des lignes de ladite multiplication qu'on lui demandait dans un ordre quelconque.

En 1860, il remplit les fonctions de bibliothécaire de la Société Asiatique de Paris, et, durant les années suivantes, il occupa des fonctions actives dans diverses sociétés de la capitale. Plusieurs sociétés savantes de la France et de l'Étranger, notamment la Société Havraise d'Études diverses et la Société de Géographie de Genève, inscrivirent son nom sur la liste de leurs membres honoraires. Au sein de la Société d'Ethnographie de Paris, il provoqua une importante discussion ayant pour but d'établir l'insuffisance des assises sur lesquelles on avait voulut fonder une nouvelle science dites des « Mythologies comparées » et au lieu et place de laquelle il demanda qu'on établisse une autre science qui occupe aujourd'hui une situation considérable dans le vaste champ de la recherche humaine, la « Science des Religions comparées ».

Charles de Labarthe mourut à Paris à la suite du siège en 1871.

Legge (James), sinologue anglais, né à Huntly, Aberdeenshire, en 1815, fit ses études à l'École d'Aberdeen. Résolu de consacrer son existence à la carrière religieuse, il fut ensuite élève au Collège de Highbury. Devenu membre de la Société des Missionnaires de Londres, il fut envoyé en Asie vers la fin de l'année 1839. Après un séjour de 3 à 4 ans à Malacca, il se rendit en Chine où il se prépara à la publication d'un grand ouvrage sur les livres sacrés et classiques de la Chine antique qui parut sous le titre suivant : *The Chinese Classics, with a translation, critical and exegetical notes, prolegomena and copious indexes.* De retour en Europe, il fut nommé professeur de langue et de littérature chinoises à l'Université d'Oxford, en 1875. Outre le grand ouvrage que nous venons de citer, James Legge se fit connaître par de nombreux écrits sur les anciennes doctrines du Céleste-Empire. Il prit notamment part à une discussion ardente engagée à plusieurs reprises sur les idées que professaient les Chinois au sujet de la Divinité et des Génies ou Esprits, question qu'il traita savamment dans un mémoire qu'il publia en 1852 sous ce titre : *The notions of the Chinese concerning God and the Spirits.* — On cite également de lui une série de Conférences qui obtinrent un grand succès et furent publiées en 1880. On y trouve un remarquable parallèle du Confucéisme et du Taoïsme avec le Christianisme.

James Legge est décédé à Oxford, le 29 novembre 1897.

Eichhoff (Frédéric-Gustave), indianiste français, né au Mans, le 17 août 1799, vint faire ses études classiques à Paris et obtint le grade de docteur ès-lettres. Nommé quelques années plus tard précepteur des enfants de Louis-Philippe Ier, il fut appelé, après la Révolution de 1830, aux fonctions de bibliothécaire de la reine Amélie. Adonné par ses goûts tout spécialement à la linguistique comparée, il prit place au premier rang des Orientalistes en publiant un livre intitulé : *Parallèle des langues de l'Europe et de l'Inde.* Il cultivait également avec ardeur la poésie Indienne dont il aimait à signaler les rapports avec celles de la Grèce et de la Rome anciennes. En maintes circonstances, il montra un talent tout à fait exceptionnel pour la composition des vers latins, et c'est

à lui que la Société d'Ethnographie doit la composition de la devise *Corpore diversi sed mentis lumine fratres,* dont elle a fait usage depuis l'époque de sa fondation.

Les connaissances variées d'Eichhoff dans plusieurs branches de l'orientalisme le portèrent à s'occuper du déchiffrement des écritures cunéiformes. Il engagea notamment avec une véritable passion une polémique ardente contre M. Jules Oppert, dans le but de revendiquer en faveur des Sémites l'invention de l'écriture Babylonienne et Ninivite, dont ce docte assyriologue voulait faire honneur aux populations Tatares ou Touraniennes de l'Asie Centrale, opinion qui paraît d'ailleurs aujourd'hui avoir prévalu dans le domaine des sciences ethnographiques.

Parmi les nombreuses communications qu'il a faites dans nos séances sur diverses questions de critique et d'exégèse reli-gieuse, il faut surtout citer ici son savant et très remarquable mémoire inti-tulé *Poésies et Religions de l'Inde et de la Grèce.* Dans ses grands travaux Eichhoff discute avec beaucoup d'ardeur, et l'on pourrait même dire avec pas-sion, quelques-unes des idées de la philoso-phie religieuse de l'Inde an-

F.-G. EICHHOFF.

cienne. Il se révolte contre la théorie de quelques savants qui ont voulu voir dans le *Nirvâna* bouddhique l'anéantissement absolu, alors qu'il s'agit, selon lui, de la disparation corporelle et nullement spirituelle, comme l'aurait été le *Nàstika;* « car quel homme raisonnable pourrait s'imaginer, dit-il, que deux ou trois cent millions de créatures humaines ont vécu et vivent eucore en prières continuelles, afin d'obtenir l'anéantissement ! Si quelques sophistes indiens l'ont écrit dans ces interminables volumes où l'on vogue à grande perte de temps sur un océan sans rivage, ce n'est pas là certes la croyance populaire, et ce n'est pas le sentiment intime qui vibre au fond de tant de cœurs, à Ceylan, au Tibet, en Mongolie, dans la Chine même où le Culte des Ancêtres prouve assez la croyance dans l'immortalité ».

Lorsque la Société d'Ethnographie créa dans son sein une nouvelle section sous le titre de Comité des Religions Comparées, pour faire opposition à la science qu'on voulait fonder avec un caractère purement linguistique sous le titre de science des Mythologies comparées, Eichhoff prit une part active aux ardentes disputes scientifiques qui s'engagèrent à cette occasion. Malgré les efforts du président de ce Comité, il était inévitable qu'il se formât alors ce qu'on appelle « des partis » parmi les membres. Eichhoff, secondé d'ailleurs par Adolphe Franck, de l'Institut, et par M. Léon de Rosny, voulut s'opposer à ce qu'il s'établisse un groupe défendant l'athéisme ; ils ne purent y réussir, mais en somme ce groupe fut peu nombreux.

Parmi les ouvrages de philologie les plus justement célèbres d'Eichhoff, il faut citer ici sa *Grammaire générale Indo-Européenne,* publiée en 1867 par le Comité Oriental de la Société d'Ethnographie (Athénée Oriental), dont il fut un des plus savants présidents.

Eichhoff est décédé à Paris, le 10 mai 1875.

Gabelentz (Hans-Conon von der), mandchouiste allemand, né à Altenbourg, le 13 octobre 1807, se consacra d'une façon toute particulière à l'étude du droit, de l'ethnographie et de plusieurs langues orientales. Sa valeur exceptionnelle dans le domaine des sciences politiques lui valut en 1843 sa nomination comme Conseiller d'État, en 1847 celle de

Maréchal de province et en 1848 celle de Ministre président, à Altenbourg. Ce fut toutefois, comme l'a dit avec raison M. Otto Donner, un de ses biographes, par ses belles études orientales qu'il acquit sa grande réputation dans le monde et fut considéré comme un savant de premier ordre.

HANS CONON VON DER GABELENTZ

En dehors des nombreux écrits de philologie comparée dans lesquels Conon de la Gabelentz a apporté de grandes lumières pour la connaissance du système grammatical et le classement de divers idiomes de l'Europe, de l'Asie, de l'Afrique, de l'Océanie et tout particulièrement du grand rameau Finno-Altaïen et Tartare, on lui doit une belle édition des Quatre

Livres classiques de la Chine confucéiste, puis du *Chou-king* et du *Chi-king*, accompagnée d'une traduction allemande d'après la version tartare-mandchoue de ces ouvrages et d'un Dictionnaire de cette langue qui parut en 1864.

Hans Conon de la Gabelentz est mort à Lemnitz, le 3 septembre 1874.

Gabelentz (Georg von der), orientaliste allemand, fils du précédent, naquit à Poschwitz, dans la Saxe-Altenbourg, le 16 mars 1830. Après avoir fait de brillantes études aux Universités de Iéna et de Leipzig, il occupa successivement plusieurs fonctions dans la magistrature en Saxe et en Alsace. Entraîné par son père dans l'étude des langues orientales, il se livra tout particulièrement à l'étude du chinois et du mandchou, et fut nommé en 1878 professeur de langues asiatiques à l'Université de Leipzig. Collaborateur zélé des différentes sessions du Congrès International des Orientalistes, fondé en 1873 par la Société d'Ethnographie de Paris, il a fait paraître plusieurs ouvrages d'orientalisme très estimés, parmi lesquels il rentre dans notre cadre de mentionner tout particulièrement son commentaire de l'ouvrage de métaphysique chinoise intitulé *Thaï-kih thou*, qu'il a publié à Dresde en 1876.

Georg von der Gabelentz est décédé à Leipzig, le 11 décembre 1898.

Wylie (Alexander), sinologue anglais, naquit à Londres le 6 avril 1815. Il était le plus jeune fils d'un marchand de couleurs de Drury-Lane. Son père vint d'Écosse vers 1791. Il fut alors envoyé dans ce pays et confié aux soins d'un parent qui demeurait sur les monts Grampians. Instruit de la grammaire à Drumlithis, dans le comté de Kincardineshire, après son retour à Londres, il alla dans une école où il fut apprenti ébéniste.

Ayant recueilli à un étalage de livres une copie de la *Notitia Linguæ Sinicæ* du P. Prémare, il apprit suffisamment le Latin pour la lire, et sa lecture l'amena à étudier la langue Chinoise.

S'étant procuré à la British and Foreign Bible Society une copie du Nouveau-Testament en Chinois, il commença à chercher sa voie en compulsant et en composant un bon Dictionnaire de cette langue. Lorsque James Legge revint en Angleterre, en 1846, il demanda une superintendance ou direction de la Société des Missions de Londres et son établissement dans Chang-haï. Wylie visita Legge qui trouva avec surprise qu'il avait été sans aide assez loin dans l'étude du Chinois pour être capable de lire l'Évangile avec une correction tolérable.

A. WYLIE

La Société de Londres l'engagea et l'envoya au bureau de sir Charles Read pour six mois, afin d'apprendre l'imprimerie, tandis que Legge l'instruisait dans la connaissance de la langue Chinoise. Au mois d'août 1847, il arriva à Chang-haï, où il eut un traitement qui lui fut payé par la Bible Society. Pendant qu'il était compositeur d'imprimerie, il apprit successivement le français, l'allemand, le russe, le mandchou et le mongol et acquit en outre quelque connaissance de grec et de sanscrit. Il savait passablement l'histoire, la géographie, la religion, la philosophie, les arts et les sciences des contrées asiatiques et avait aussi de vastes connaissances dans la littérature de la Chine. Son savoir en mathématiques chinoises était unique. En 1852, Wylie démontra que la méthode de William George Hamers, publiée en 1819, pour résoudre les équations de tous ordres, avait été connue des mathématiciens chinois du XIVe siècle. La même année parut un article de lui dans le *North-China Herald* relatif à l'arithmétique chinoise, lequel, traduit en Allemagne, fut le sujet de deux mémoires de Joseph Bertrand, dans le *Journal des Savants*. Il fit de fréquentes expéditions avec d'autres missionnaires dans l'intérieur du pays et souvent courut de graves dangers.

En 1853, il accompagna Lord Elgin dans son expédition au Yang-tse Kiang, comme agent temporaire de la Société Biblique de Londres. Il quitta Chang-haï pour se rendre en Angleterre en 1860, où il retourna en 1863 en qualité d'agent permanent de cette Société. Il voyagea à Saint-Pétersbourg et en Sibérie jusqu'à Péking et continua sa charge d'agent jusqu'en 1877. En 1868, il accompagna John Griffith, missionnaire wesleyen, dans un voyage dépassant de mille cinq cent milles le Yang-tse Kiang et se rendit à la capitale du Sse-tchouen par delà la source du Han, puis à Han-keou et à Chang-haï. Entre temps, il visita beaucoup de lieux jusqu'alors inconnus des Européens.

En dix ans, il distribua, parmi le peuple chinois, plus d'un million de parties de la Bible. En 1877, à cause de l'affaiblissement de sa vue, due à la lecture incessante de ses épreuves, il retourna en Angleterre. En 1878, il était présent au quatorzième Congrès international des Orientalistes à Florence, où il lut un curieux Mémoire sur la Corée.

Alexandre Wylie a publié un grand nombre d'ouvrages en chinois sur les Mathématiques et l'Astronomie et une Grammaire Mandchoue-Tartare, traduite du *Ts'ing-wen-ki-mung* qui a été imprimée à Chang-haï en 1855. On lui doit également un grand nombre d'articles sur la langue et la littérature des Chinois qui ont été insérés dans l'*American Cyclopœdia* (1874), le *North-China Herald*, le *Chinese Recorder*, etc.

Dans le cadre des études qui nous occupent, c'est surtout par la publication de ses beaux travaux de bibliographie chinoise qu'il a rendu de grands services à nos études, notamment en faisant paraître son ouvrage intitulé : *Notes on Chinese Literature : with Introductory Remarks on the progressive advancement of the Art ; and a List of translations from the Chinese, into various European Languages.* Shanghae, American Presbyterian Mission Press, 1867 ; un vol. in-4º.

L'extrême fatigue que lui causèrent ses derniers travaux, ayant affaibli considérablement sa santé, il mourut le 6 février 1887.

Prémare (Joseph-Marie DE), sinologue français, né le 17 juillet 1666, entra dans la corporation des Jésuites et partit en conséquence de La Rochelle comme missionnaire apostolique en Chine le 7 mars 1698. Arrivé dans ce pays, il se livra avec ardeur à l'étude de la langue et de la littérature chinoises et devint bientôt un sinologue de premier ordre. « Ce fut, dit Abel Rémusat, en s'occupant de recherches approfondies sur les antiquités chinoises que le P. Prémare se trouva conduit à embrasser un système singulier qui avait séduit plusieurs des missionnaires de la Chine et, ce qui est bien remarquable, précisément ceux qui avaient le mieux étudié les anciens auteurs chinois. Ce système consistait à rechercher, dans les *King* et dans les monuments littéraires des siècles qui avaient précédé l'incendie des livres, des traces de traditions qu'on supposait transmises aux auteurs de ces livres par les patriarches fondateurs de l'empire Chinois. Le sens quelquefois obscur de certains passages, les interprétations diverses qu'on en avait données à différentes époques, les allégories contenues dans le Livre des Vers *(Chi-king)*, les énigmes du Livre des Sorts *(Yih-king)*, l'analyse de quelques symboles, étaient, pour les missionnaires prévenus de ces idées, autant d'arguments propres à les fortifier dans une opinion qu'ils regardaient comme favorable à la propagation du Christianisme. C'était certainement dans cette vue, et non pour exciter une vaine curiosité, qu'ils s'attachaient à répandre ces notions extraordinaires ; mais la persévérance que le P. Prémare et les autres mirent à soutenir ces idées et les conséquences outrées que quelques-uns d'entre eux voulaient en déduire, leur attirèrent beaucoup de désagréments de la part de ceux qui ne partageaient pas leur manière de voir et qui en rattachaient l'examen à la grande querelle des Jésuites et des Dominicains sur l'esprit des Rites et des Cérémonies chinoises et sur l'Athéisme prétendu des Lettrés ».

Outre son célèbre travail de philologie chinoise connue sous le titre de *Notitia linguæ Sinicæ,* le P. Prémare s'est fait connaître par d'importantes études sur les religions de la Chine, notamment par ses *Recherches sur les temps antérieurs à ceux dont parle le Chou-king et sur la mythologie chinoise,* travail qui a été publié en 1770 par Deguignes, dans son édition du *Chou-king,* traduit par le P. Gaubil. Son œuvre la plus importante toutefois, pour les études spéciales qui nous occupent ici, est son savant *Essai sur le Monothéisme des anciens Chinois,* qui a été publié pour la première fois par la Société d'Ethnographie dans les *Mémoires* de sa Section Orientale et Américaine (t. I, p. 96 et t. IV, p. 248).

L'extrême surmenage auquel se livra toute sa vie le P. Prémare lui valurent plusieurs attaques d'apoplexie qui l'enlevèrent à la science, en Chine, le 22 mars 1735.

Réville (Albert), né à Dieppe, le 4 novembre 1826, fils de Jean Réville qui fut pasteur de l'Église réformée de 1825 à 1866. Il fit ses études secondaires au Collège de sa ville natale et ses études d'enseignement supérieur à l'Université de Genève et à l'ancienne Académie de Strasbourg en vue d'obtenir les brevets nécessaires pour l'exercice du pastorat protestant (1843-1848). Il remplaça temporairement comme suffragant, un pasteur qui était tombé malade à Nîmes; puis il fut lui-même pasteur à Luneray, Seine-Inférieure, et ensuite pasteur de l'Église Wallonne de Rotterdam, en 1851. Les communautés dites Wallonne des Pays-Bas se composèrent à l'origine de réfugiés qui furent d'abord des Belges, et ensuite des Français à l'époque des persécutions, et qui conservèrent l'usage de notre langue pour la prédication et pour l'instruction religieuse. En cette qualité, de 1852 à 1873, Albert Réville se trouva dans des conditions essentiellement favorables pour le développement de ses études scientifiques, théologiques et philosophiques. Il se trouvait, en effet, dans un vieux pays d'érudition où existaient de très riches bibliothèques, des universités rapprochées des unes des autres, et des hommes de grand savoir, tel que Delprat, Scholten, Kuenen, etc., qui l'honorèrent de leur amitié et lui fournirent abondamment les moyens d'étendre et de perfectionner ses connaissances sur le terrain de la critique et de l'histoire religieuses.

De retour en France, en 1873, il avait résolu de se consacrer à la composition de plusieurs ouvrages qui rentraient dans la catégorie des études qu'il avait choisies, lorsqu'il fut appelé par Jules Ferry à la chaire d'Histoire des Religions, créée au Collège de France en 1880 et qu'il occupe encore aujourd'hui. Sous le ministère Goblet, il fut nommé président de la Section des Sciences Religieuses à l'École des Hautes-Études de la Sorbonne.

Outre de nombreux articles publiés dans la *Revue des Deux-Mondes*, dans la *Revue Germanique*, dans la *Revue de Théologie* de Strasbourg, etc., M. Réville est l'auteur de livres parmi lesquels nous citerons les suivants : Essai de Critique Religieuse, 1860 ; — Histoire comparée de la Philosophie et de la Religion, d'après le professeur Scholten, 1861 ; — Étude Critique sur l'Évangile selon saint Mathieu (couronné à la Haye), 1862 ; — Histoire du dogme de la Divinité de Jésus-Christ, 1869 ; — Prolégomènes de l'Histoire des Religions, 1886 ; — Les Religions des peuples non civilisés, 1893 ; — Les Religions du Mexique, de l'Amérique Centrale, du Mexique et du Pérou, 1885 ; — Jésus de Nazareth, étude critique sur les antécédents de l'histoire évangélique, 1897. Nous devons enfin mentionner d'une façon toute particulière, comme rentrant dans le cadre spécial de la présente série de notices biographiques, les deux volumes qu'il a fait paraître en 1889 sur la Religion Chinoise.

En sa qualité de président à l'École des Hautes-Études et grâce à sa vaste érudition et au caractère élevé de ses doctrines philosophiques, il compte parmi les hommes qui ont le plus contribué à établir sur les larges bases où elle repose aujourd'hui la Science des Religions comparées fondée dans le sein de la Société d'Ethnographie.

Burnouf (Émile-Louis), orientaliste française, né à

Valogne, Manche, le 25 août 1821, et cousin de l'indianiste Eugène Burnouf. Élève du Lycée Saint-Louis et de l'École Normale, il devint successivement professeur de Littérature ancienne à la Faculté de Nancy et directeur de l'École Française d'Athènes.

Dans le domaine de nos études, il faut citer de ce savant : *Essai sur le Véda ou Introduction sur la connaissance de l'Inde*. 1863, in-8°; — *La Science des Religions*, 4e édition, 1885, in-18; — *La Mythologie des Japonais*. 1875, in-8°.

Morrison (Robert), sinologue anglais, naquit à Buller's Green, dans le comté de Northumberland, le 5 janvier 1782. Après avoir fait ses études à l'Académie Missionnaire de Gozport, il acquit une connaissance élémentaire de la langue chinoise, à Londres. Ordonné pasteur de l'Église Presbytérienne Écossaise, il quitta l'Angleterre en 1807, pour se rendre à Macao où il arriva le 4 septembre de cette même année.

Après un séjour de deux ans en Chine, il fut nommé traducteur de chinois à la Compagnies des Indes Orientales. En qualité d'interprète, il accompagna, en 1816, Lord Amherst dans sa mission à Péking. Deux ans plus tard, il fonda à Malacca un Collège pour l'enseignement des littératures anglaise et chinoise, dans le but de faciliter la propagation du christianisme dans l'Extrême-Orient. En 1823, il revint en Europe, apportant avec lui dix mille volumes chinois. Trois ans plus tard, il retourna en Chine, où il remplit les fonctions de secrétaire-interprète de l'ambassade d'Angleterre dans ce pays. — Parmi les ouvrages de ce savant orientaliste, nous citerons : *Chinese Miscellany, consisting of original Extracts from Chinese authors, in the native character ; with translations and original remarks,* (London, 1825 ; in-4°). — Ses *Horæ Sinicæ*, renfermant une étude sur la secte des Taosse chinois, depuis son origine jusqu'à nos jours (London, 1812 ; in-4º) ; son exposé des idées de l'empereur *Jin-tsoung* concernant Dieu, (même ouvrage, p. 63) ; — et sa notice sur le mariage des prêtres taosseistes, insérée dans sa *View of China for philological purposes*. (Macao, 1817 ; in-4º, pages 55 et 113).

Robert Morrison mourut à Canton, le 2 août 1834.

Biot (Édouard-Constant), sinologue français, fils du célèbre astronome, est né à Paris le 2 juillet 1803. Après avoir fait successivement ses études au Lycée Louis-le-Grand et à l'École Polytechnique où il fut reçu en 1822, il fut présenté par son père à Stanislas Julien dont il suivit le cours de chinois au Collège de France. Devenu membre de la Société Asiatique de Paris, il publia de nombreux articles dans le recueil de cette société et parvint à se faire élire, en 1847, membre de l'Académie des Inscriptions et Belles-Lettres.

Il a publié notamment *Le Tcheou-li ou Rites des Tcheou, traduit pour la première fois du chinois*. Paris, Impr. Nation., 1851 ; deux volumes in-8º. — Bien que cet ouvrage ait surtout pour but de faire connaître le système politique et administratif de la dynastie des Tcheou qui gouverna la Chine de 1122 à 255 avant notre ère et sous laquelle parurent Confucius et Lao-tse, il renferme les plus précieux renseignements sur les institutions religieuses des Chinois à ces époques reculées. Dans une remarquable introduction mise par le père du traducteur du *Tcheou-li*, en tête de l'édition posthume du travail de son fils, J.-B. Biot, rappelle l'état de l'empire Chinois à cette antique époque de son histoire : « D'après les données authentiques, les premiers des habitants de la Chine étaient des peuples sauvages et chasseurs au milieu desquels s'avança, entre le XXXe et le

XXVIIe siècle avant notre ère, une colonie d'étrangers venant du Nord-Ouest. Cette colonie est généralement désignée dans les textes sous le nom de « Peuple aux Cheveux noirs », sans doute par opposition à la couleur différente ou mêlée des cheveux de la race indigène dont quelques débris habitent encore les montagnes centrales de la Chine. Elle est appelée aussi « les Cent familles », le mot « cent » étant pris dans une acception indéfinie. Son existence parait avoir été alors purement pastorale ; mais la nature des contrées qu'elles avaient envahies modifia graduellement ce que cette manière de vivre avait d'absolu, en la portant vers l'agriculture. Ses premières opérations présentent beaucoup d'analogie avec celles des planteurs qui vont défricher les forêts de l'Amérique Septentrionale ; si ce n'est qu'elles s'exécutèrent avec plus d'ensemble par des tribus entières, distinctes les unes des autres, au lieu d'être conduites par des individus isolés ». — Le *Tcheou-li* nous signale, parmi les départements ministériels qui avaient été établis en Chine durant cette période, un Ministère des Rites dont le chef était appelé le Grand Supérieur des Cérémonies Sacrées. C'est à lui qu'il appartenait de régler les détails des sacrifices offerts aux Esprits du Ciel et de la Terre, ainsi qu'aux Ancêtres qui formaient un troisième ordre d'esprits surnaturels. Il était donc chargé du culte et en même temps, d'après le sens très étendu qu'à le mot « rite », de régler les formes des solennités officielles et de celles de la vie ordinaire, telles que la prise du bonnet viril, le mariage, les banquets, les funérailles. De lui dépendaient les augures et les devins, l'astronome et les astrologues de la cour, les officiers chargés des prières, des historiographes qui rédigeaient les annales de l'empire et qui conservaient tous les documents écrits sur les institutions. Les préposés de la Musique formaient une division particulière de ce ministère ». Les sacrifices étaient l'objet d'une réglementation des plus détaillées. Les grands sacrifices étaient offerts au Ciel et à la Terre et ceux de second ordre au Soleil, à la Lune, aux Planètes, aux signes du Zodiaque, aux Génies de la Terre et des Céréales, aux Cinq Monts sacrés, et les petits sacrifices aux Montagnes, aux Rivières et à tous les objets de la création. On faisait toutes sortes de libations et l'on buvait du vin préparé d'une façon spéciale. Pour certains sacrifices, on prenait une grosse courge douce dont on enlevait la tige et on en faisait un vase. Il y avait un officier des Coqs, chargé de choisir la couleur du plumage de ceux qui devaient être sacrifiés. Tout, jusqu'à la manière de s'asseoir sur des nattes pendant les cérémonies, était réglé ponctuellement et la population entière du pays respectait religieusement les moindres formalités prescrites par les Rites dans toutes ces circonstances.

Édouard Biot est décédé au mois de mars 1850.

Medhurst (Walter-Henry), sinologue anglais, né à Londres, le 29 avril 1796. Après avoir quitté l'École de Saint-Paul, dans sa ville natale, il vint continuer ses études, au collège de Hackney, en vue de devenir missionnaire. En 1816, il partit pour l'Indo-Chine et trouva un emploi à Malacca, comme imprimeur. Il profita de son séjour dans cette ville pour apprendre la langue Malaye et la langue Chinoise. Ordonné pasteur protestant le 27 avril 1819, il devint missionnaire à Pénang et à Batavia.

De retour en Angleterre, il composa un ouvrage sur la Chine, son état présent et son avenir, lequel parut en 1838 ; le but principal de ce livre était de créer un mouvement en faveur des missions protestantes de la Chine. On lui doit également une traduction de la *Bible* en langue chinoise. Il revint, cette même année, à Java ; et, lorsque les ports chinois furent ouverts au commerce européen, il se rendit en 1842 à Chang-haï, où il se livra aux fonctions de missionnaire pendant quatorze années consécutives.

Parmi ses ouvrages les plus importants, on cite surtout son édition du *Chou-king,* publiée sous le titre de *Ancient China.* 書經 *The Shoo king, or the Historical Classic : being the most ancient Record of the Annals of the Chinese Empire ; illustrated by later Commentators.* Shanghae, printed at the Mission Press, 1846, in-8º. Le célèbre livre canonique de l'antiquité chinoise, qu'on appelle communément la *Bible de la Chine,* est, dans ce volume, traduit mot à mot de la façon la plus remarquable et la plus commode pour les étudiants.

La santé de Medhurst s'étant gravement compromise, il revint en Europe à la fin de 1856 ; mais, quelques jours après son arrivée à Londres, il mourut le 24 janvier 1857.

Birch (Samuel), sinologue et égyptologue anglais, né à Londres, le 8 novembre 1813, était fils du docteur Birch, recteur de l'Église Anglicane de cette même ville. Lorsqu'il eut terminé ses études à Merchant Taylor's School, il obtint un emploi comme assistant dans le département des antiquités au Musée Britannique. Quatre ans plus tard, il devint sous-conservateur dans ce même établissement qui, en 1846, l'envoya en mission à Rome et dans plusieurs autres villes d'Italie, à l'effet d'y étudier les anciens monuments qu'on y conservait. En 1851, il fut appelé aux fonctions de directeur des antiquités orientales, ainsi que de celles qui se rattachent à la numismatique et à l'ethnographie. C'est alors qu'il entreprit ses grands travaux sur le déchiffrement des inscriptions cunéiformes et égyptiennes. Il put de la sorte collaborer au célèbre ouvrage de

Bunsen sur l'Égypte, dans laquelle il inséra une Grammaire et un Dictionnaire de l'écriture hiéroglyphique.

En 1873, Samuel Birch contribua avec activité à la fondation du grand Congrès International des Orientalistes dont la première session eut lieu cette même année à Paris et dont il présida la seconde session qui tint ses séances à Londres au mois de septembre 1874. En même temps qu'il se consacrait avec une très grande ardeur à l'Égyptologie, il entreprit avec succès des études sinologiques, dans le but d'approfondir les problèmes relatifs aux religions et aux philosophies de la Chine.

SAMUEL BIRCH

Il mourut à Londres, le 27 décembre 1885.

Neumann (Charles-Frédéric), orientaliste allemand, né à Reichmansdorff, près de Bamberg, le 22 décembre 1798. Il fit ses études successivement à Munich, à Heidelberg et à Gœttingue, et fut nommé professeur d'histoire à Spire, en 1822. Destitué à cause de ses opinions trop libérales, il alla étudier la langue arménienne au Couvent des Méchitaristes de Venise ; puis il s'embarqua pour l'Inde et la Chine, en vue d'accomplir une mission dont il avait été chargé par le gouvernement Bavarois. Lors de son retour en Europe, il fut nommé professeur à l'Université de Munich, où il enseigna la langue chinoise, la langue arménienne et l'histoire des peuples de l'Asie. Nous avons cru devoir lui consacrer une notice dans ce volume, à cause de l'ouvrage qu'il a publié sous le titre de *The Catechism of the Shamans, or the laws and regulations of the priesthood of Buddha in China, translated from the Chinese original, with notes and illustrations.* (London, for the Oriental translation Fund, 1831 ; in-8).

Fréderic Neumann est décédé à Berlin, le 10 avril 1870, à l'âge de 72 ans.

Pavie (Théodore-Marie), indianiste et sinologue français, né à Angers, le 16 août 1811. Dès sa première jeunesse, il montra un grand goût pour les voyages lointains. Il parvint, de la sorte, à visiter successivement plusieurs contrées de l'Amérique du Nord et du Sud, ainsi que divers pays de l'Extrême-Orient. Chargé du cours de Langue et de Littérature Sanscrites au Collège de France, en remplacement d'Eugène Burnouf, il abandonna cette place à son éminent condisciple Édouard Foucaux, qui finit par en devenir titulaire. Il avait été élève de Stanislas Julien, au cours duquel il s'était surtout appliqué à apprendre la langue Tartare-Mandchoue.

Lors de la création des Universités Catholiques, il fut appelé à enseigner à la Faculté des Lettres d'une de ces universités établie à Angers, la Littérature Orientale.

Parmi ses ouvrages, nous avons à citer ici son livre sur *Krichna et sa doctrine* (Paris, 1852; un vol. in-8°). Mentionnons également son *Étude tirée du* Sy-yeou-tchin-tsuen *sur Lao-tse, le Taoïsme et les Taosse*, insérée dans le *Journal Asiatique*, t. IX, p. 340; — et son curieux *Mémoire sur Les Trois Religions de la Chine, leur antagonisme, leur développement et leur influence*, mémoire qui a paru dans la *Revue des Deux-Mondes*, nouvelle série, t. IX, 1er février 1845.

Théodore Pavie, qui était membre de la Société d'Ethnographie de Paris, est mort à Angers (La Chaufournay), le 29 avril 1896, à l'âge de quatre-vingt-cinq ans.

Callery (l'abbé Joseph-Gaëtan-Pierre-Marie), sinologue, né à Turin, le 5 février 1802. Après avoir embrassé la carrière ecclésiastique, il partit comme missionnaire avec l'intention d'évangéliser la Corée. Dans ce but, il s'embarqua au Havre le 22 mars 1835 et se rendit à Macao. Au bout de quelque temps, n'ayant pu s'entendre avec ses supérieurs, il se démit de ses fonctions apostoliques. Lors de l'envoi en Chine de la mission du marquis de Lagrené, il servit d'interprète à cette ambassade.

Outre ses travaux philologiques, dont le plus connu est un dictionnaire chinois-latin rangé suivant l'ordre des tons et auquel il donna le titre de *Systema phoneticum Scripturæ Sinicæ* (Macao, 1841; 1 vol. in-8°), Callery a droit à une place exceptionnelle dans le présent recueil de Notices biographiques par sa traduction du *Li-ki* ou Mémorial des Rites qu'il a fait paraître dans les *Memorie della Reale Accademia delle Scienze di Torino*, Section des Sciences morales, historiques et philologiques, série II, tom. XV (Torino, 1855 ; un vol. in-4º). Cet ouvrage comprend le texte original du *Li-ki* imprimé à Paris par la lithographie et un intéressant commentaire qui est joint à la version française.

Callery était membre de l'Académie de Turin et décoré, par l'empereur de Chine, de ce qu'il appelait « le Grand Collier Tartare ».

Il mourut à Nice, le 24 février 1884, à l'âge de quatre-vingt-deux ans.

Severini (Antelmo), sinologue et japoniste italien, né à Arcevia, province d'Ancone, le 2 juin 1828. Le désir ardent de s'initier à la connaissance des divers idiomes littéraires de l'Extrême-Orient en général et à l'interprétation des anciens textes composés dans l'écriture idéographique de la Chine en particulier, l'engagea à venir passer quelques années à Paris où il suivit avec assiduité le cours de Chinois ancien et de Tartare-Mandchou professé par Stanislas Julien au Collége de France et le cours de Japonais de M. Léon de Rosny à l'École spéciale des Langues Orientales.

De retour dans son pays natal, il ne tarda pas à prendre une place exceptionnelle dans l'orientalisme italien et fut bientôt après nommé professeur titulaire de Chinois et de Japonais à l'Institut Royal des Études Supérieures pratiques et de perfectionnement à Florence. On le cite, en outre, parmi les orientalistes éminents qui fondèrent dans la même ville la Société Asiatique Italienne qui a su obtenir, par la haute importance des travaux de ses membres, une place exceptionnelle parmi les grandes associations philologiques de la science européenne. Il a été enfin un des actifs organisateurs de la IVe session du Congrès International des Orientalistes, qui tint une première fois ses assises en Italie, pendant l'année 1878, sous la présidence du professeur Michele Amari.

Outre ses beaux travaux sur la philologie japonaise, parmi lesquels nous ne pouvons nous dispenser de faire mention de son *Repertorio Sinico-Giapponese*, ouvrage publié en collaboration avec M. Carlo Puini et qui rend sans cesse service aux adeptes de la sinologie et de la yamatologie, M. Antelmo Severini s'est occupé avec une rare érudition de l'étude de la doctrine de Confucius et de son école. On lui doit notamment une étude dans laquelle il a su apprécier de main de maître *La Morale e la Politica di Menzio*, insérée dans le *Politecnico* d'avril 1867 et un livre intitulé *Tre Religioni guidicate da un Cinese*. Volgarizzamento di A. S. Firenze, 1867 ; in-8°.

Puini (Carlo), orientaliste italien, né à Livourne, le 29 mai 1839, fut, pour les langues chinoise et japonaise, un des meilleurs élèves du professeur Antelmo Severini. Le principal ouvrage de ce savant sinologue a paru sous le titre de *Il Buddha, Confucio, Lao-tse : Notizie e Studi intorno alle Religioni dell' Asia-Orientale*. Firenze, 1878 ; in vol. in-8°.

Nous citerons, en outre, du même auteur, les publications suivantes : *Enciclopedia Sinico-Giapponese. Notizie estratte dal Wa-kan san-sai tu-ye intorno al Buddismo ; — Il Li-ki o Istituzioni, Usi e Costumanze della Cina antica.* Traduzione, Commento e Note. — *Le origini della Civiltà secondo la Tradizione e la storia dell'Estremo-Oriente. Contributo allo studio dei tempi primitivi del genero umano.*

Hervey de Saint-Denys (Marie-Jean-Léon-Coq, marquis DE), littérateur et sinologue français, né à Paris en 1823. Il fut élève d'Antoine Bazin, à l'École spéciale des

Langues Orientales et de Stanislas Julien, au Collège de France. Homme de beaucoup d'esprit, il se livra à toutes sortes d'études différentes et parvint à se faire nommer membre de l'Académie des Inscriptions et Belles-Lettres. En 1869, il fit paraître un livre sur *Les Rêves et les Moyens de les diriger*, qui fit beaucoup de bruit à l'époque de son apparition. Il collabora en outre à la composition de plusieurs comédies qui obtinrent un grand succès, alors qu'il était directeur du théâtre des Bouffes-Parisiens.

Dans le domaine des sciences ethnographiques, on lui doit le commencement de la traduction de l'*Ethnographie des peuples étrangers à la Chine, ouvrage composé au XIIIe siècle de notre ère*, par Ma-touan-lin. Genève 1876-84 ; in-4º ; — et une *Collection Ethnographique photographiée*, sous les auspices de la Société d'Ethnographie, dont il fut président en 1873, collection dans laquelle les différents types humains sont représentés absolument nus sous trois poses différentes, de face, de dos et de profil.

Il a composé un *Mémoire sur les doctrines religieuses de Confucius et de l'École des Lettrés* (publié dans les *Mémoires de l'Académie des Inscriptions et Belles-Lettres*, 1887 ; tom. XXXII, part. 2).

Stanislas Julien, lui ayant laissé sa grande et riche collection de livres et de manuscrits Chinois, Tartares-Mandchoux et Mongols, il la céda aussitôt après la mort de celui-ci, à son condisciple et collaborateur Léon de Rosny.

Léon d'Hervey de Saint-Denys est décédé à Paris, le 3 novembre 1892, à l'âge de soixante-neuf ans.

Franck (Adolphe), philosophe français, ancien président de la Société d'Ethnographie de Paris, naquit à Liocourt,

Meurthe, le 9 octobre 1809. Appartenant à une famille juive, il fit ses études à Nancy et à Toulouse et professa la philosophie successivement à Douai, à Nancy, à Versailles et à Paris. Le 20 mai 1844, l'Académie des Sciences morales et politiques l'admit au nombre de ses membres. Suppléant de Barthélemy Saint-Hilaire au Collège de France, de 1849 à 1852, il devint professeur titulaire de Droit de la nature et des gens dans ce grand établissement, en 1856. Collaborateur du *Journal des Débats*, il fonda en 1888 un journal qui vécut plusieurs années, sous le titre de *La Paix Sociale* et organisa à Paris une Société sous le titre de *Ligue Nationale contre l'Athéisme*.

Dans un grand nombre de ses publications et dans son *Dictionnaire des Sciences philosophiques* (1844-52; six vol. in-8°), il a eu l'occasion de faire connaître sa manière de voir au sujet des philosophies et des religions de l'Asie Centrale. Il exprima notamment ses idées au sujet de la grande doctrine de Lao-tse, dans une Introduction qu'il composa pour l'ouvrage de M. Léon de Rosny sur *Le Taoïsme* (Paris, 1892; in-8°), ainsi que dans un article sur *Le Taoïsme* inséré dans le journal intitulé *Le Parti National* (n° du 5 février 1892). Rappelons enfin son étude sur *Le Taoïsme et son fondateur*, publié dans le *Bulletin de la Société d'Ehnographie*, (1892, t. VI, p. 13).

Adolphe Franck est décédé à Paris, le 11 avril 1893, à l'âge de quatre-vingt-quatre ans.

Pfizmaier (August), orientaliste autrichien, né à Carlsbad, le 16 août 1808. D'une condition modeste, il fit ses études à Pilsen, puis à Prague et vint ensuite habiter l'Autriche, où il se fixa à Vienne en 1838. C'est dans cette ville qu'il publia la plus grande partie de ses ouvrages. Après avoir appris la langue turque, pour l'enseignement de laquelle il fit paraître une Grammaire, il se livra à l'étude de la langue Chinoise. Toutefois, on peut dire que la place hors ligne qu'il occupe dans le domaine de l'Orientalisme, il la doit aux connaissances qu'il a su acquérir sans secours de la langue japonaise, à une époque où cet idiome était presque complètement ignoré dans le monde savant, alors que des érudits de la trempe d'Abel Rémusat et de Jules Klaproth avaient dû renoncer, malgré de grands efforts, à en obtenir l'intelligence.

Parmi les ouvrages d'August Pfizmaier qu'il convient de mentionner ici, nous citerons : *Die Geschichte einer Seelewanderung in Japan* (Wien, 1877 ; in-4o). — *Ueber einige Gegenstænde des Tao-glaubens*, dans les *Sitzungberichte der phil.-hist. Classe d. K. Akademie.* Wien, 1875. — *Ueber die Schriften des Kaisers des Wen-tschang*, dans le *Même recueil*, Wien, 1873.

Aug. Pfizmaier est décédé le 18 mai 1887, à l'âge de soixante-dix-neuf ans.

Foucaux (Philippe-Édouard), indianiste et tibétaniste français, né à Angers, le 15 septembre 1811. Après avoir fait ses premières études dans sa ville natale, il vint en 1838 à Paris pour étudier le sanscrit au Collège de France en suivant le cours d'Eugène Burnouf. Celui-ci le prit en amitié et exprima à plusieurs reprises le désir de l'avoir pour successeur.

On lui doit l'introduction en France de la connaissance de la langue tibétaine qu'il parvint à apprendre seul et qu'il enseigna dès 1844 à l'École spéciale des Langues Orientales. Désigné à deux reprises différentes comme professeur suppléant du cours de sanscrit au Collège de France, il fut enfin nommé titulaire de ce cours en 1862.

En 1859, il avait été au nombre des membres fondateurs de

la Société d'Ethnographie de Paris, dont il présida le Comité Sinico-Japonais pendant l'année 1889.

Parmi les nombreux ouvrages consacrés par Foucaux à l'étude du Bouddhisme, nous citerons : *Rgya-tcher-rol-pa* ou *Développement des Jeux, contenant l'Histoire du Bouddha Çâkya-mouni, traduit sur la version tibétaine du* Kbkah-hgyour *et revu sur l'original sanskrit* (Lalitavistâra). *Première partie : texte tibétain,* Paris, Impr. Roy., 1847 ; *Deuxième partie : traduction française,* Paris, Impr. Roy., 1848 ; deux vol. in-4º. — *Parabole de l'Enfant égaré, formant le chapitre* IV *du Lotus de la Bonne Loi, publiée pour la première fois en sanscrit et en tibétain, lithographiée à la manière des livres du Tibet et accompagnée d'une traduction française, d'après la version tibétaine du* Kanjour. Paris, 1854, in-8º. — *Le Trésor des Belles Paroles. Choix de Sentences composées en tibétain par le lama Saskya Pandita, suivi d'une élégie tirée du Kanjour, traduites pour fois en français.* Paris, 1858 ; in-8º. — *La Guirlande précieuse des demandes et des réponses, publiée en sanskrit et en tibétain, et traduite pour la première fois en français.* Paris, 1867 ; in-8º. — *Iconographie Bouddhique. Le Bouddha Sakya-mouni* (publié par la Société d'Ethnographie, Section Orientale), 1871 ; in-4º, avec planches. — *Le Religieux chassé de la Communauté, conte bouddhique, traduit du tibétain pour la première fois* (publié également par la Société d'Ethnographie, Section Orientale). Paris, 1872 ; in-8º.

Édouard Foucaux était non seulement un linguistique de premier ordre qui n'avait pas hésité à apprendre plusieurs idiomes dont l'intelligence présentait à son époque des difficultés exceptionnelles, mais il comptait en outre parmi les penseurs les plus distingués de l'orientalisme français. Travailleur infatigable, il se complaisait à accomplir les œuvres de patience les plus pénibles pour le succès de ses importantes recherches. Il fit de la sorte de longues copies admirablement calligraphiées de plusieurs manuscrits rares et précieux de la vieille littérature asiatique. Il connaissait enfin la plupart des langues européennes et possédait d'utiles notions de chinois, de mandchou, de mongol, de barman, de singhalais, de pàli, etc.

On doit à Foucaux d'avoir dissipé un grand nombre d'erreurs répandues dans le monde savant au sujet du Bouddhisme, et en particulier au sujet du *Nirvâna* qu'on considérait à tort comme indiquant un anéantissement absolu de tous les êtres de la Nature. Ce savant éminent se proposait de développer ses théories à cet égard, lorsque la mort est venu le surprendre à Paris, le 20 mai 1894, à l'âge de quatre-vingt-trois-ans.

Beal (Samuel), sinologue anglais, né à Devonport (Angleterre), le 23 mai 1825. Ce savant a publié un grand nombre de mémoires sur le Bouddhisme, parmi lesquels nous citerons les suivants : *Results of an examination of Chinese Buddhist Books in the Library of the India Office.* (Publié dans les *Mémoires* de la seconde Session du *Congrès International des Orientalistes.* London, 1876; in-8º. — *On a Chinese Version of the Sankhya Kârikâ*, etc., found among the Buddhist Books comprising the Tripitaka, and two other works, dans le *Journal of the R. Asiatic Society*, t. X, 1878. — *Two Chinese Buddhist Inscriptions found at Buddha Gayâ*, dans le *Même recueil*, t. XXIII, 1881. — *Abstract of four Lectures on Buddhist Literature in China* delivered at University College. London, 1882; in-8º. — *The Fo-sho-king-tsan-king. A Life of Buddha*, by Aswaghosha Bodhisattva, translated from Sanskrit into Chinese by Dharmaraksha, A. D. 420, and from Chinese into English. Oxford, 1883; trois vol. in-8º. — *Non-Christian Religious*

Systems, Buddhism in China. London, 1884; in-8º. — *A life of the Buddha : translated from the* P'u yao King; dans le *Babylonian and Oriental Record* de 1889. — *Suh-ki Li-lih-kiu, The Suhrillekha or Friendly Letter; written by Lung shu* (Nâgârjuna), *and addressed to king* Sadvaha. Translated from the Chinese edition of *I-tsing*. London, 1892; in-8º. — *A Catalogue of the Chinese Translations of the Buddhist Tripitaka, the Sacred Canon of the Buddhists in China and Japan*, compiled by order of the Secretary of State for India, by Bunyiu Nanjio, Priest of the temple, Eastern Hongwanzi, Japan. Oxford, 1883; in-4º.

Samuel Beal est décédé le 20 avril 1889, à l'âge de 64 ans.

Siebold (Philip-Franz von), explorateur et japoniste allemand, né à Wurtzbourg, le 17 février 1796. Fils d'un savant physiologiste bavarois, il fit ses études dans sa ville natale et obtint en 1820 le grade de docteur. Deux ans plus tard, il se rendit à Java pour remplir les fonctions d'officier de santé. Peu de temps après, il fut envoyé en mission au Japon; mais comme à cette époque, les étrangers ne pouvaient pas circuler librement dans cet empire, il fut d'abord contraint de demeurer à Nagasaki, dans le petit îlot de Désima. Ses grandes connaissances en histoire naturelle lui permirent néammoins de faire la connaissance d'un bon nombre d'indigènes qui lui demandèrent de devenir ses élèves ; et bientôt le profond attachement qu'ils eurent pour leur maître valut à celui-ci la faveur de circuler dans plusieurs parties du Nippon dont l'entrée était formellement interdite aux autres Occidentaux. Il parvint même à se rendre jusqu'à Yédo ; et partout, sur son parcours, il recueillit de précieux renseignements relatifs aux insulaires alors si peu connus de l'Extrême-Orient. Les résultats de ses savantes investigations ont été publiés, après son retour en Europe, dans une grande collection de volumes in-4° imprimés avec luxe et ornés de nombreuses planches et de cartes, sous le titre de *Nippon, Archiv zur Beschreibung von Japan*.

Siebold est décédé à Munich le 18 octobre 1866, à l'âge de 70 ans.

Hoffmann (J.-J.), japoniste hollandais, né à Würtzbourg, le 5 février 1805. Appartenant à une famille d'ouvriers, il eut la bonne fortune d'appeler sur lui l'attention de son compatriote Siebold qui, à son retour du Japon, l'engagea à se livrer à l'étude de la langue japonaise avec le secours des nombreux livres qu'il avait réunis pendant son séjour dans l'Asie Orientale. Hoffmann accueillit avec joie cette proposition et se mit tout d'abord à l'œuvre pour s'initier à la connaissance indispensable en pareil cas, de l'écriture chinoise. Il fut récompensé du prodigieux travail qu'il dut accomplir pour atteindre son but et devint l'un des trois orientalistes européens qui parvinrent les premiers à vaincre les énormes difficultés que présentait l'intelligence des textes japonais anciens et modernes. C'est grâce à son précieux concours que Siebold put faire paraître ses célèbres *Archiv zur Beschreibung von Japan*, dans lesquelles il inséra sa savante édition du *Buddha Pantheon von Japan*, accompagnée d'une traduction allemande et de planches.

J. Hoffmann est décédé à La Haye, le 23 janvier 1878, à l'âge de 73 ans.

Muller (Frédéric-MAX), orientaliste allemand, né à Dessau, dans le duché de Anhalt, le 6 décembre 1823. Fils du poète Wilhelm Müller, il fit ses études à l'Université de Leipzig. Sur le conseil du célèbre indianiste Hermann Brockhaus, il se livra avec succès à l'étude du sanscrit. L'importance des religions asiatiques lui fit penser qu'il y avait lieu de fonder une nouvelle science sous le titre de « Mythologie comparée ». Cet idée fut combattue avec succès, au sein de la Société d'Ethnographie de Paris, par plusieurs membres, notamment par Charles Labarthe qui démontra combien il était dangereux de juger des idées religieuses d'un peuple en s'attachant à l'étymologie des mots employés pour servir à les exprimer.

Parmi les nombreuses publications de Max Muller, et en dehors de sa grande collection des *Sacred Books of the East*, nous citerons : *Essais sur l'histoire des Religions*, 1872; in-18. — *Essais sur la Mythologie comparée*, 1873; in-18. — *The Religion of China*, 1900.

Max Muller, qui avait pris une large part à plusieurs sessions du Congrès international des Orientalistes, est décédé à Oxford (Angleterre), le 28 octobre 1900.

Moto-yosi (Saï-zau), lettré japonais, né à Tôkyau (Japon), la 2me année Keï-wau (1866 de notre ère). Venu en Europe pour y continuer ses études littéraires et philosophiques, il séjourna plusieurs années à Paris et parvint à apprendre la langue française d'une manière suffisante pour faire des conférences publiques qui obtinrent un grand succès de curiosité. Dans plusieurs de ces conférences, il traita des religions du Japon cultivées par ces compatriotes, notamment du Sintauisme, du Confucéisme, de Taoïsme et du Bouddhisme. On trouve quelques unes des idées qu'il a énoncées sur le Taoïsme

MOTO-YOSI

dans les *Annales de l'Alliance Scientifique* (1891-95, t. IV, p. 30).
— Nous devons également citer de cet auteur une intéressante *Notice sur l'École de Sin-siû* insérée dans les *Mémoires de la Société d'Ethnographie* (Comité des Religions comparées, t. I, p. 25).

Schœbel (Charles), indianiste et ethnographe français, né à Ludwigslust (Mecklembourg-Schwérin), le 26 décembre 1813. Il s'adonna de bonne heure à l'étude des langues orientales, et en particulier de l'Hébreu et du Sanscrit. Étant venu s'installer à Paris pour y poursuivre ses recherches, il se distingua d'une manière toute particulière par ses travaux relatifs aux religions asiatiques et à la philosophie. Parmi ses nombreux travaux, nous avons à mentionner ici : Dans les divers recueils de la Société d'Ethnographie, *Étude sur les rapports de la Philosophie avec la Physiologie de Claude Bernard. Actes*, 1863, t. III) ; — *L'Atome et sa fonction dans les doctrines indiennes* (D°, 1874, t. VIII) ; — *Le Bouddhisme et son fondateur* (D°, 1877, même vol.) ; *L'âme humaine au point de vue de la science ethnographique* (D°, 1878, t. IX) ; — *Claude Bernard et son principe du Criterium expérimental* (D°, 1878, même vol.). Ces deux derniers articles ont produit, lors de leur apparition, une véritable sensation dans la science et obtenu de nombreux échos dans le domaine des sciences philosophiques et ethnographiques, d'autant plus qu'elles signalent un revirement complet dans les doctrines de Claude Bernard qui fut incontestablement un des plus remarquables expérimentateurs des temps modernes ; — *Recherches sur la Religion première de la race Indo-Iranienne* (dans les *Mémoires de la Section Orientale et Américaine*, 1865, t. X) ; — *Étude sur le rituel du Respect Social dans l'Inde brahmanique*, 1872, t. XI) ; — *L'ori-*

gine cosmique de l'homme et des types (D°, 1874, t. XII); — *Le Bouddha et le Bouddhisme* (dans les *Annales de Philosophie Chrétienne,* de Bonnetty, 1856, t. XIV); — *L'Universalité du Déluge* (dans la *Revue Orientale et Américaine,* 1859, t. II); — *Mémoire sur le Monothéisme primitif attribué par M. E. Renan à la seule race Sémitique.* Paris, 1860; in-8°; — *Recherches sur la religion première de la race Indo-Iranienne.* Paris, 1872; in-8°; — *Le Bouddhisme, ses origines, le nirvana, accord de la morale avec le nirvana* (dans les *Actes de la Société Philologique,* 1874, t. IV); — *Étude comparative sur le Panthéisme Égyptien et Indien* (dans la *Revue Orientale et Américaine,* 1878, nouv. série, t. II).

Non seulement Charles Schœbel rendit aux savants français le service de les mettre sans cesse au courant des progrès de l'érudition orientale et philosophique en Allemagne, mais il eut le mérite de comprendre la transformation qu'il était indispensable d'accomplir, sans trop tarder, dans la nature et le caractère des travaux de l'orientalisme, pour que cette curieuse branche de la recherche contemporaine puisse continuer à occuper la place qu'elle avait su obtenir, au commencement du siècle dernier, dans le vaste domaine des études historiques.

Il y avait plus de 50 ans que Charles Schœbel était naturalisé français, lorsqu'il mourut à Paris, le 18 novembre 1888, à l'âge de 75 ans.

Strauss und Torney (Victor-Friedrich von), naquit le 18 septembre 1809, dans la petite ville de Buckebourg, capitale de la principauté allemande de Schaumbourg-Lippe. Il fit ses ses études à Erlangen, Bonn et Gœttingen. Après avoir terminé dans cette dernière ville ses études de droit, il revint à Buckebourg et entra dans l'administration. L'un des chefs du parti conservateur pendant la révolution de 1848-49, il fut successivement envoyé, en 1850, comme plénipotentiaire de sa province natale, au Congrès de Dresde et à l'Assemblée de Francfort-sur-le-Mein, qui devait rétablir l'ancienne Constitution fédérale germanique. Il reçut la noblesse héréditaire de l'empereur d'Autriche en 1852. Il ajouta à son nom patronymique, celui de son épouse, von Torney, après l'extinction de la famille de celle-ci. Après avoir rempli diverses missions de confiance dans les assemblées, il prit sa retraite en 1866, et alla se fixer d'abord à Erlangen. en cette même année, puis à Dresde, en 1869. Connu en Allemagne autant comme écrivain que comme homme politique, il a cultivé avec succès la poésie, le drame, la nouvelle, le roman, la science religieuse et la philosophie.

Il reçut de l'Université de Leipzig, en 1882, le diplôme honoraire de docteur en théologie. — Ses recherches sur les civilisations anciennes l'amenèrent à étudier le chinois. Le premier fruit de cette étude fut une traduction de *Lao-tse* avec explication et commentaire. Leipzig, 1870. Dix ans plus tard, en 1880, il publia, à Heidelberg, sous le titre de *Das kanonische Liederbuch « Schi-king »*, une traduction de ce vieux livre sacré des Chinois. Enfin, il a fait paraître dans le XIIIe volume, paru en 1885, à Heidelberg, de la *Sammlung von Vortrægen* (Collection de travaux ou études), éditée par W. Frommel et Friedr. Pfaff une courte étude sur l'ancien monothéisme chinois, *Der altchinesische Monotheismus* (28 pp. in-8°), qui forme la neuvième des dix études dont se compose ce volume de la collection. On sait que ce grave problème du déisme en Chine, sur l'initiative et avec l'ardente collaboration des missionnaires de Péking, a eu l'occasion de passionner le monde savant qui est néanmoins demeuré indécis et en désaccord sur la solution qu'il était sérieusement possible de lui donner.

Paravey (le chevalier Charles-Hippolyte **de**), orientaliste français, membre du corps du génie des ponts et chaussées, né à Fumay, Ardennes, le 25 septembre 1787. Il fut un des fondateurs de la Société Asiatique de Paris et se fit connaître par de nombreux travaux bizarres et excentriques qui lui valurent une réputation d'un genre tout particulier dans le monde savant. Collaborateur actif des *Annales de Philosophie Chrétienne* de Bonnetty, il fit paraître dans ce recueil mensuel une *Explication du texte de Lao-tse sur la Trinité* (4ᵉ série, t. VIII). La mention de l'idée trinitaire, dans le livre fondamental du Taoïsme, avait d'ailleurs paru évidente à plusieurs autres érudits qui avaient même prétendu découvrir dans ce vieux livre chinois des mots qui représentaient le nom du *Jehovah* de la Bible.—On cite également du chevalier de Paravey une notice sur *Le Tao-te-king considéré non comme un livre historique, mais comme un traité de philosophie* (dans le *Même recueil*, 1841, pp. 246-258).

Le chevalier de Paravey est décédé à Saint-Germain-en-Laye, le 15 mai 1871.

Ampère (Jean-Jacques-Antoine), de l'Institut, né à Lyon, le 12 août 1800. — Cet écrivain éminent a droit à une place dans la présente série de notices biographiques, par suite des remarquables articles qu'il a fait paraître dans la *Revue des Deux-Mondes* (voy. plus haut, p. 21), et notamment pour son étude sur *La troisième Religion de la Chine*, insérée dans ce recueil périodique, nᵒ du 15 août 1842.

Ampère est décédé le 27 mars 1884, à l'âge de 84 ans.

Douglas (Robert-Kennaway), sinologue, né à Larkbear-House, près de Ottery Saint-Mary, Devonshire, le 23 août 1838. Il fit ses études dans une école privée à Bath, et ensuite à l'École de Grammaire de Bladford. Appelé par le ministère des Affaires étrangères à servir dans l'Extrême-Orient, il fut mis, en 1858 au service d'un consulat de Chine comme étudiant-interprète. Deux années plus tard, il fut appelé aux fonctions de secrétaire de la Commission de l'Union pour le gouvernement de la ville de Canton. En 1861, il fut attaché temporairement à la Légation de Sa Majesté Britannique à Péking. La même année, il fut désigné comme interprète dans l'état-major du général Sir Charles Staveley et fut nommé délégué Vice-Consul à Takou en 1862, poste qu'il occupa jusqu'à son retour en Angleterre où il se rendit en congé en 1864. L'année suivante, il se démit de sa charge de service dans les consulats pour remplir les fonctions d'auxiliaire dans la section supérieure de la Bibliothèque du Muséum Britannique, avec la charge spéciale de la collection de livres Chinois et Japonais de ce grand établissement. En 1880, il fut nommé conservateur auxiliaire avec la charge en plus du sous-département des Cartes ; il devint enfin conservateur du département des Livres et des Manuscrits Orientaux, en 1892.

Lors de la fondation du Congrès International des Orientalistes par la Société d'Ethnographie de Paris en 1873, il fut en Angleterre un des représentants les plus actifs du Comité Français d'organisation, et il assista dans cette ville à la session inaugurale dont il fut un des membres conseillers. En 1874, il fut appelé aux fonctions de secrétaire de la seconde session de ce même Congrès qui tint ses assises à Londres, au mois de septembre 1874. — Outre son ouvrage intitulé *Confucianism and Taouism, with map*, London, 1889, in-8°, travail qui lui donne droit à une notice spéciale dans ce volume, nous citerons de ce savant : *Two Lectures on the Language and Literature of China*, 1875 ; — *The Life of Genghis-kan*, 1877 ; — *A Chinese Ma-*

nual, 1889 ; — *Chinese Stories*, 1893. On lui doit également un Catalogue des livres et manuscrits Chinois du British Museum qui fut imprimé en 1876 et un Catalogue des Cartes, Plans et Chartes du même établissement, lequel parut en 1885. Il collabora en outre à plusieurs publications périodiques ainsi qu'à la neuvième édition de l'*Encyclopedia Britannica*. En 1893 enfin, il fut nommé professeur de Chinois au Collège Royal de Londres, et devint plus tard gouverneur du Collège de Dulwich.

Faber (Ernst), sinologue allemand, né à Cobourg, le 25 avril 1839. Il est missionnaire de la Société Chinoise à Changhaï depuis 1864. Cet auteur s'est beaucoup occupé de l'ancienne philosophie de la Chine et s'est principalement attaché à l'étude du Taoïsme. C'est en grande partie à lui que nous devons la connaissance de l'œuvre de *Lieh-tse*, l'un des plus célèbres disciples du grand maître de la doctrine, Lao-tse. Sur son initiative surtout, on commença à désigner communément ce Lich-tse sous le nom latinisé de *Licius*.

Parmi les nombreuses publications de M. Ernst Faber, nous nous bornerons à citer les suivantes : *Lebenbegriff des Konfucius*, Hong-kong, 1872 ; trois Études sur les philosophes chinois Mencius, Licius (Lieh-tse, dont il a donné, en 1878, une traduction allemande, avec notes et commentaires) et Mencius, intitulées : *Die Grundgedanken des alten Chinesischen Sozialismus. Der Naturalismus bei den alten Chinesen. Eine Staatslehre auf ethischer Grundlage*. Elberfeld, 1877. — Citons enfin de M. Ernst Faber son livre intitulé *Der Taoismus*, 1884 ; et les études qu'il a fait paraître sous les titres de *Ueber die Chinesische und die Christliche Zivilisation*; — *The historical characteristic of Taoïsm*, dans la *China Review*, de Hong-kong, 1884; etc.

Grosier (l'abbé Jean-Baptiste-Gabriel-Alexandre), jésuite et sinologue français, né à Saint-Omer, Pas-de-Calais, le 17 mars 1743. Après avoir fait paraître des essais de critique littéraire, il travailla pendant près de quarante ans à la composition de la grande *Histoire Générale de la Chine*, compilée à Péking par le P. Mailla, 1774-1784 qui fut publiée en douze volumes in-4º. Ce savant missionnaire écrivit en outre une *Description générale de la Chine, ou Tableau de l'état actuel de cet empire*, ouvrage qui vit le jour à Paris en 1785 ; in-4º. C'est dans la seconde partie de ce travail qu'il a traité de la Religion des Chinois et en particulier de la doctrine des sectateurs de Lao-tse ou Taosséisme.

Dans l'intérêt de nos études, on ne trouvera peut être pas sans intérêt les extraits suivants de l'étude consacrée par l'abbé Grosier à la doctrine de Lao-tse et de ses prétendus sectateurs :

La Morale de ce Philosophe a de grands rapports avec celle que prêchait Épicure. Elle se réduit à écarter tout désir véhément, à réprimer toutes les passions vives capables d'altérer la paix et la tranquillité de l'âme. Selon lui, le soin de tout homme sage doit se borner à exister sans douleur et sans chagrin, à couler mollement ses jours dans l'insouciance ; et pour parvenir à cette quiétude heureuse, il prescrit de bannir tout retour sur le passé, et de s'interdire toute recherche vaine et inutile sur l'avenir. Former de vastes entreprises, s'agiter de soins pour les conduire avec succès, se livrer aux soucis dévorants de l'ambition, rechercher l'or et se dévouer aux pénibles épargnes de l'avarice, c'est, selon ce Philosophe, travailler moins pour soi-même que pour ses descendants : et n'est-il pas insensé de sacrifier son propre repos, sa félicité personnelle, pour procurer le bonheur des autres, pour enrichir un fils, des neveux que nous laisserons après nous ? Lorsqu'il s'agit même de notre propre bonheur, Lao-tse recommande la modération, soit dans les désirs qui le font rechercher, soit dans les mouvements qu'il faut se donner pour y atteindre ; parce qu'il ne regarde point comme un véritable bonheur celui qu'accompagnent les peines, les dégoûts, les inquiétudes. Les Disciples de ce Philosophe altérèrent dans la suite la doctrine qu'il leur avait laissée. Comme l'état passif, le calme parfait de l'âme, auquel ils voulaient parvenir, était sans cesse troublé par la crainte de la mort, ils publièrent, qu'il était possible de trouver la composition d'un breuvage qui rendît l'homme immortel. Cette idée folle les conduisit d'abord à l'étude de la Chimie, ensuite à la recherche de la pierre philosophale, et bientôt ils se livrèrent à toutes les extravagances de la magie.

Le désir et l'espérance d'éviter la mort par la découverte du précieux breuvage, attirèrent une foule de partisans à la nouvelle Secte ; les Grands, les particuliers opulents, les femmes surtout, naturellement plus curieuses et plus attachées à la vie, furent les plus empressées à s'instruire de la doctrine des disciples de Lao-tse. La pratique des Sortilèges, l'invocation des Esprits, l'art de prédire l'avenir en consultant les sorts, firent des progrès rapides dans toutes les Provinces. Les Empereurs eux-mêmes accréditèrent l'erreur par leur crédulité, et bientôt la Cour fut remplie d'une foule innombrable de ces faux Docteurs, auxquels on avait décerné le titre honorable de 天師 *Tien-ssé* « Docteurs célestes ». L'Empereur Tsin-chi-hoang-ti, l'Omar de la Chine, si fameux par l'incendie des Livres et sa haine pour les Gens de Lettres, se laissa persuader qu'il existait un breuvage qui rend les hommes immortels, et fit longtemps chercher cette ambroisie dans plusieurs isles. Wou-ti, cinquième Empereur de la dynastie des Han, montra la plus vive ardeur pour l'étude des Livres magiques.

Les Tao-ssé actuels sacrifient à l'Esprit qu'ils invoquent trois sortes de victimes : un cochon, une volaille et un poisson. Les cérémonies dont ils font usage dans leurs sortilèges, varient selon l'imagination et l'adresse de l'imposteur qui les opère. Ceux-ci enfoncent un pieu en terre ; ceux-là tracent sur le papier des caractères bizarres et accompagnent chaque trait de leur pinceau de grimaces et de cris horribles ; d'autres font un tintamarre affreux de chaudrons et de petits tambours.

Un grand nombre de ces Tao-ssé font à la Chine le métier de Devins. Quelques-uns, après leurs invocations mystérieuses, font paraître en l'air la figure du Chef de leur Secte, ou celles de leurs Divinités. D'autres ordonnent à leur pinceau d'écrire de lui-même ; et le pinceau, sans qu'on y touche, trace aussi-tôt sur le papier ou sur le sable la réponse aux demandes et aux consultations qui ont été faites.....

Le Chef des Tao-ssé et ses successeurs, ajoute l'abbé Grosier, sont décorés par le gouvernement du titre de Grands Mandarinss et résident dans un faubourg de la Province de Kiang-si, où il, habitent un riche palais.

L'abbé Grosier est mort à Paris, le 8 décembre 1823.

Edkins (le Rév. John), sinologue anglais et membre de la London Missionary Society. Envoyé en Chine pour y remplir ses fonctions religieuses, il arriva à Chang-haï le 2 septembre 1848 et quitta plus tard cette ville pour aller habiter successivement Tche-fou, Tien-tsin et Péking en 1863. Depuis l'année 1880, il fut attaché au service des Douanes impériales chinoises et résida de nouveau à Chang-haï. Ce savant, qui est considéré comme le dernier des grands sinologues européens, a fait paraître de nombreux écrits en langue chinoise et des travaux très remarquables de linguistique. Nous citerons entre autres les suivants : *Grammar of Colloquial Chinese, as exhibited in the Shanghai Dialect.* Shanghaï, 1853 ; in-8º. — *Grammar of the Chinese Colloquial Language commonly called the Mandarin Dialect*, Shanghaï, 1857 ; in-8º. — *China's Place in Philology*, London, 1871 ; in-8º. Cet ouvrage de philologie comparée, lors de son apparition, a soulevé de vives et nombreuses controverses. Le Rev. John Edkins a en outre communiqué à la Société d'Ethnographie de Paris un mémoire des plus remarquables *On the common Origin of the Chinese and Mongol Languages*, qui a paru en 1865 dans la *Revue Orientale et Amériricaine*, seconde série, t. X ; pp. 75 et sv.

Dans le cadre des études spéciales auxquelles est consacrée la présente Bibliographie, nous devons mentionner tout particulièrement son livre intitulé : *Religion in China, containing a brief account of the three Religions of the Chinese.* London, 1884, in-8º ; et son étude sur *The Tau-te-ching*, insérée dans la *China Review*, de Hong-kong, 1884, p. 10 et sv.

Le R. J. Edkins a publié d'intéressants travaux dans les recueils de la China Branch of the Royal Asiatic Society, de la Société Orientale de Péking et dans le compte-rendu de la seconde session du Congrès international des Orientalistes tenue à Londres en 1874. — Mentionnons enfin, comme de nature à intéresser tout particulièrement les ethnographes, son étude intitulée : *The Effect of nomad Life on the growth of Language*, lue à la seconde session du même Congrès, à Londres, en 1891.

II

FRAGMENTS DES PRINCIPAUX LIVRES TAOISTES

*(seconde série *)*.

—

I. — FRAGMENTS DU *Tao-teh king* DE LAO-TSE.

Les fragments qui suivent sont ceux qui ont été signalés à l'École des Hautes-Études dans une conférence où le professeur a exposé les raisons pour lesquelles il y aurait lieu de publier, à côté des grandes et volumineuses collections des *Livres sacrés de l'Orient*, un ou deux volumes qui suffiraient largement pour mettre entre les mains de tous les travailleurs les passages d'une importance réelle qu'on rencontre dans ces livres. Ces deux volumes pourraient être publiés sous un titre tel que : *Les Grandes pages des Livres sacrés de l'Orient.*

Les citations données ci-dessous du *Tao-teh king* sont empruntées à la traduction de Stanislas Julien publiée à Paris en 1842 et reproduites telles quelles, dans l'impossibilité où nous sommes de mentionner ici les graves modifications qui nous ont été suggérées à la Sorbonne.

LIVRE PREMIER (道經 *Tao-king*)

CHAPITRE I. — La voie qui peut être exprimée par la parole

—

(*) Voy. également les extraits donnés plus haut dans ce volume, p. 79 et sv.

n'est pas la Voie éternelle; le nom qui peut être nommé n'est pas le Nom éternel.

(L'être) sans nom est l'origine du Ciel et de la Terre; avec ce nom, il est la mère de toutes choses.

C'est pourquoi, lorsqu'on est constamment exempt de passions, on voit son essence spirituelle; lorsqu'on a constamment des passions, on le voit sous une forme bornée.

Ces deux choses ont une même origine et reçoivent des noms différents : ont les appelle toutes deux profondes. Elles sont profondes, doublement profondes. C'est la porte de toutes les choses spirituelles.

CHAP. II. — Dans le monde, lorsque tous les hommes ont su apprécier la beauté (*morale*), alors la laideur (du vice) *a paru!*

Lorsque tous les hommes ont su apprécier le bien, alors le mal *a paru*.

C'est pourquoi l'être et le *non-être* naissent l'un de l'autre. Le difficile et le facile se produisent mutuellement. Le long et le court se donnent mutuellement leur forme. Le haut et le bas montrent mutuellement leur inégalité. Les tons et la voix s'accordent mutuellement. L'antériorité et la postériorité sont la conséquence l'un de l'autre.

De là vient que le saint homme fait son occupation du *non-agir;* il fait consister ses instructions dans le silence.

Alors tous les êtres se mettent en mouvement, et ils ne leur refuse rien; il les produit et ne se les approprie pas ; il les perfectionnent et ne compte pas sur eux.

Ses mérites étant accomplis, il ne s'y attachent pas. Il ne s'attache pas à ses mérites; c'est pourquoi il le quittent point.

Chap. XII. — Les cinq couleurs émoussent la vue de l'homme.

Les cinq notes (de musique) émoussent l'ouïe de l'homme.

Les cinq saveurs émoussent le goût de l'homme.

Les courses violentes, l'exercice de la chasse égarent le cœur de l'homme.

Les biens d'une acquisition difficile poussent l'homme à des actes qui lui nuisent.

De là vient que le saint homme s'occupe de son intérieur et ne s'occupe pas de ses yeux.

C'est pourquoi il renonce à ceci et adopte cela.

Chap. XIII. — Si nous éprouvons de grandes calamités, c'est parce que nous avons un corps.

Quand nous n'avons plus de corps (quand nous nous sommes dégagés de notre corps), quelles calamités pourrions-nous éprouver ?

C'est pourquoi, lorsqu'un homme redoute de gouverner lui-même l'empire, on peut lui confier l'empire ; lorsqu'il a regret de gouverner l'empire, on peut lui remettre le soin de l'empire.

Chap. XIV. — Vous le regardez (le Tao) et vous ne le voyez pas : on le dit incolore (夷).

Vous l'écoutez et vous ne l'entendez pas : on le dit aphone.

Vous voulez le toucher et vous ne l'atteignez pas : on le dit incorporel.

Ces trois qualités ne peuvent être scrutées à l'aide de la parole. C'est pourquoi on les confond en une seule.

Sa partie supérieure n'est point éclairée ; sa partie inférieure n'est point obscure.

Il est éternel et ne peut être nommé.

Il rentre dans le non être.

On l'appelle une forme sans forme, une image sans image.

On l'appelle vague, indéterminé.

Si vous allez au devant de lui, vous ne voyez pas sa face ; si vous le suivez, vous ne voyez point son dos.

C'est en observant le Tao des temps anciens qu'on peut gouverner les existences d'aujourd'hui.

Si l'homme peut connaître l'origine des choses anciennes, on dit qu'il tient le fil du Tao.

Chap. XVII. — Dans la haute antiquité, le peuple savait seulement qu'il avait des rois (王).

Les suivants, il les aima et leur donna des louanges.
Les suivants, il les craignit.
Les suivants, il les méprisa.

Celui qui n'a pas confiance dans les autres n'obtient pas leur confiance.

(Les premiers) étaient graves et réservés dans leurs paroles.

Après qu'ils avaient acquis des mérites et réussi dans leurs desseins, les cents familles disaient : Nous suivons notre nature.

Chap. XVIII. — Quand la grande Voie eut dépéri, on vit paraître l'humanité et la justice.

Quand la prudence et la perspicacité se furent montrées, on vit naître une grande hypocrisie.

Quand les six parents eurent cessé de vivre en bonne harmonie, on vit des actes de piété filiale et d'affection paternelle.

Quand les états furent tombés dans le désordre, on vit des sujets fidèles et dévoués.

Chap. XIX. — Si vous renoncez à la sagesse et quittez la prudence, le peuple sera cent fois plus heureux.

Si vous renoncez à l'humanité et quittez la justice, le peuple reviendra à la piété filiale et à l'affection paternelle.

Si vous renoncez à l'habileté et quittez le lucre, les voleurs et les brigands disparaîtront.

Renoncez à ces trois choses et persuadez-vous que l'apparence ne suffit pas.

C'est pourquoi je montre aux hommes ce à quoi ils doivent s'attacher.

Qu'ils tachent de laisser voir leur simplicité, de conserver leur pureté, d'avoir peu d'intérêts privés et peu de désirs.

CHAP. XX. — Renoncez à l'étude, et vous serez exempt de chagrins.

Combien est petite la différence de *weï* (un *oui* bref) et de *o* (un *oui* lent) !

Combien est grande la différence du bien et du mal !

Ce que les hommes craignent, on ne peut s'empêcher de le craindre.

Ils s'abandonnent au désordre et ne s'arrêtent jamais.

Les hommes de la multitude sont exaltés de joie comme celui qui se repaît de mets succulents, comme celui qui est monté, au printemps, sur une tour élevée.

Moi seul je suis calme : (mes affections) n'ont pas encore germé.

Je ressemble à un nouveau-né qui n'a pas encore souri à sa mère.

Je suis détaché de tout; on dirait que je ne sais où aller.

Les hommes de la multitude ont du superflu ; moi seul je suis comme un homme qui a perdu tout.

Je suis un homme d'un esprit borné, je suis dépourvu de connaissances.

Les hommes du monde sont remplis de lumières; moi seul je suis plongé dans les ténèbres.

Les hommes du monde sont doués de pénétration ; moi seul j'ai l'esprit trouble et confus.

Je suis vague comme la mer ; je flotte comme si je ne savais où m'arrêter.

Les hommes de la multitude ont tous de la capacité ; moi seul je suis stupide ; je ressemble à un homme rustique.

Moi seul je diffère des autres hommes, parce que je révère la mère qui nourrit (tous les êtres).

CHAP. XXV. — Il est un être confus qui existait avant le ciel et la terre.

O qu'il est calme ! O qu'il est immatériel !

Il subsiste seul et ne change point.

Il circule partout et ne périclite point.

Il peut être regardé comme la mère de l'univers.

Moi, je ne sais pas son nom.

Pour lui donner un titre, je l'appelle Voie (*Tao*).

En m'efforçant de lui faire un nom, je l'appelle grand.

De grand, je l'appelle fugace.

De fugace, je l'appelle éloigné.

D'éloigné, je l'appelle (l'être) qui revient.

C'est pourquoi le Tao est grand, le ciel est grand, la terre est grande, le roi aussi est grand.

Dans le monde, il y a quatre grandes choses, et le roi en est une.

L'homme imite la terre ; la terre imite le ciel ; le ciel imite le Tao ; le Tao imite sa nature.

CHAP. XXX. — Celui qui aide le maître des hommes par le Tao ne (doit pas) subjuguer l'empire par les armes.

Quoi qu'on fasse aux hommes, ils rendent la pareille.

Partout où séjournent les troupes, on voit naître les épines et les ronces.

À la suite des grandes guerres, il y a nécessairement des années de disette.

L'homme vertueux frappe un coup décisif et s'arrête, il n'ose subjuguer l'empire par la force des armes.

Il frappe un coup décisif et ne se vante point.

Il frappe un coup décisif et ne se glorifie point.

Il frappe un coup décisif et ne s'enorgueillit point.

Il frappe un coup décisif et ne combat que par nécessité.

Il frappe un coup décisif et ne veut point paraître fort.

Quand les êtres sont arrivés à la plénitude de leur force, ils vieillissent.

Cela s'appelle ne pas imiter le Tao. Celui qui n'imite pas le Tao ne tarde pas à périr.

Chap. XXXI. — Les armes les plus excellentes sont des instruments de malheur.

Tous les hommes les détestent. C'est pourquoi celui qui possède le Tao ne s'y attache pas.

En temps de paix, le sage estime la gauche; celui qui fait la guerre estime la droite.

Les armes sont des instruments de malheurs; ce ne sont pas les instruments du sage.

Il ne s'en sert que lorsqu'il ne peut s'en dispenser, et met au premier rang le calme et le repos.

S'il triomphe, il ne s'en réjouit pas. S'en réjouir, c'est aimer à tuer les hommes.

Celui qui aime à tuer les hommes ne peut réussir à régner sur l'empire.

Dans les évènements heureux, on préfère la gauche; dans les évènements malheureux, on préfère la droite.

Le général en second occupe la gauche; le général en chef occupe la droite.

Je veux dire qu'on le place suivant les rites funèbres.

Celui qui a tué une multitude d'hommes doit pleurer sur eux avec des larmes et des sanglots.

Celui qui a vaincu dans un combat, on le place suivant les rites funèbres.

LIVRE SECOND (德 經 *Teh-king*)

CHAP. XXXIX. — Voici les choses qui jadis ont obtenu l'Unité.

Le ciel est pur parce qu'il a obtenu l'Unité.

La terre est en repos parce qu'elle a obtenu l'Unité.

Les esprits sont doués d'une intelligence divine parce qu'ils ont obtenu l'Unité.

Les vallées se remplissent parce qu'elles ont obtenu l'Unité.

Les dix mille êtres naissent parce qu'ils ont obtenu l'Unité.

Les princes et rois sont les modèles du monde parce qu'ils ont obtenu l'Unité.

Voilà ce que l'Unité a produit.

Si le ciel perdait sa pureté, il se dissoudrait.

Si la terre perdait son repos, elle s'écroulerait.

Si les esprits perdaient leur intelligence divine, ils s'anéantiraient.

Si les vallées ne se remplissaient plus, elles se dessécheraient.

Si les dix mille êtres ne naissaient plus, ils s'éteindraient.

Si les princes et les rois s'enorgueillissaient de leur noblesse et de leur élévation, et cessaient d'être les modèles (du monde), ils seraient renversés.

C'est pourquoi les nobles regardent la roture comme leur origine; les hommes élevés regardent la bassesse de la condition comme leur premier fondement.

De là vient que les princes et les rois s'appellent eux-mêmes orphelins, hommes de peu de mérite, hommes dénués de vertu.

Ne montrent-ils pas par là qu'ils regardent la roture comme leur véritable origine? Et ils ont raison.

C'est pourquoi, si vous décomposez un char, vous n'avez plus de char.

(Le sage) ne veut pas être estimé comme le jade, ni méprisé comme la pierre.

CHAP. XL. — Le retour au non être (produit) le mouvement du Tao.

La faiblesse est la fonction du Tao.

Toutes les choses du monde sont nées de l'être; l'être est né du non-être.

CHAP. XLII. — Le Tao a produit un; un a produit deux; deux a produit trois; trois a produit tous les êtres.

Tous les êtres fuient le calme et cherchent le mouvement.

Un souffle immatériel forme l'harmonie.

Ce que les hommes détestent, c'est d'être orphelin, imparfaits, dénués de vertu, et cependant les rois s'appellent ainsi eux-mêmes.

C'est pourquoi, parmi les êtres, les uns s'augmentent en se diminuant; les autres se diminuent en s'augmentant.

Ce que les hommes enseignent, je l'enseigne aussi.

Les hommes violents et inflexibles n'obtiennent point une mort naturelle.

Je veux prendre leur exemple pour la base de mes instructions.

CHAP. XLIII. — Les choses les plus molles du monde subjuguent les choses les plus dures du monde.

Le non-être traverse les choses impénétrables. C'est par là que je sais que le non-agir est utile.

Dans l'univers, il y a bien peu d'hommes qui sachent instruire sans parler et tirer profit du non-agir.

CHAP. XLVI. — Lorsque le Tao régnait dans le monde, on renvoyait les chevaux pour cultiver les champs.

Depuis que le Tao ne règne plus dans le monde, les chevaux de combat naissent sur les frontières.

Il n'y a pas de plus grand crime que de se livrer à ses désirs.

Il n'y a pas de plus grand malheur que ne pas savoir se suffire.

Il n'y a pas de plus grande calamité que le désir d'acquérir.

Celui qui sait se suffire est toujours content de son sort.

CHAP. XLVIII. — Celui qui se livre à l'étude augmente chaque jour (ses connaissances).

Celui qui se livre au Tao diminue chaque jour (ses passions).

Il les diminue et les diminue sans cesse jusqu'à ce qu'il soit arrivé au non-agir.

Dès qu'il pratique le non-agir, il n'y a rien qui lui soit impossible.

C'est toujours par le non-agir que l'on devient le maître de l'empire.

Celui qui aime à agir est incapable de devenir le maître de l'empire.

CHAP. L. — L'homme sort de la vie pour entrer dans la mort.

Il y a treize causes de vie et treize causes de mort.

A peine est-il né que ces treize causes de mort l'entraînent rapidement au trépas.

Quelle en est la raison? C'est qu'il veut vivre avec trop d'intensité.

Or j'ai appris que celui qui sait gouverner sa vie ne craint sur sa route ni le rhinocéros ni le tigre.

S'il entre dans une armée, il n'a besoin ni de cuirasse, ni d'armes.

Le rhinocéros ne saurait où le frapper de sa corne; le tigre où le déchirer de ses ongles, le soldat où le percer de son glaive.

Quelle en est la cause? Il est à l'abri de la mort.

CHAP. LII. — Le principe du monde est devenu la mère du monde.

Dès qu'on possède la mère, on connaît ses enfants.

Dès que l'homme connaît les enfants et qu'il conserve leur mère, jusqu'à la fin de sa vie il n'est exposé à aucun danger.

S'il clot sa bouche, s'il ferme ses oreilles et ses yeux, jusqu'au terme de ses jours, il n'éprouvera aucune fatigue.

Mais s'il ouvre sa bouche et augmente ses désirs, jusqu'à la fin de sa vie, il ne pourra être sauvé.

Celui qui voit les choses les plus subtiles s'appelle éclairé; celui qui conserve la faiblesse s'appelle fort.

S'il fait usage de l'éclat (du Tao) et revient à sa lumière, son corps n'aura plus à craindre aucune calamité.

C'est là ce qu'on appelle être doublement éclairé.

CHAP. LIII. — Si j'étais doué de quelque connaissance, je marcherais dans la grande Voie 大道 *ta-tao).*

La seule chose que je craigne, c'est d'agir.

La grande Voie est très-unie, mais le peuple aime les sentiers.

Si les palais sont très brillants, les champs sont très incultes, et les greniers très vides.

Les princes s'habillent de riches étoffes; ils portent un glaive tranchant; ils se rassasient de mets exquis; ils regorgent de richesses.

C'est ce qu'on appelle se glorifier du vol ; ce n'est point pratiquer le Tao.

Chap. LV. — Celui qui possède une vertu solide ressemble à un nouveau-né qui ne craint ni la piqûre des animaux venimeux, ni les griffes des bêtes féroces, ni les serres des oiseaux de proie.

Ses os sont faibles, ses nerfs sont mous, et cependant il saisit fortement les objets.

Il ne connait pas encore l'union des deux sexes, et cependant certaines parties (de son corps) éprouvent un orgasme viril. Cela vient de la perfection du semen.

Il crie tout le jour et sa voix ne s'altère point ; cela vient de la perfection de l'harmonie (de la force vitale).

Connaître l'harmonie s'appelle être constant.

Connaître la constance s'appelle être éclairé.

Augmenter sa vie s'appelle une calamité.

Quand le cœur donne l'impulsion à l'énergie vitale, cela s'appelle être fort.

Dès que les êtres sont devenus robustes, ils vieillissent.

C'est ce qu'on appelle ne pas imiter le Tao.

Celui qui n'imite pas le Tao périt de bonne heure.

Chap. LVII. — Avec la droiture, on gouverne le royaume ; avec la ruse, on fait la guerre ; avec le non-agir, on devient le maître de l'Empire.

Comment sais-je qu'il en est ainsi de l'empire. Par ceci :

Plus le roi multiplie les prohibitions et les défenses, plus le peuple s'apauvrit.

Plus le peuple a d'instruments de lucre, plus le royaume se trouble.

Plus le peuple a d'adresse et d'habileté, plus l'on voit fabriquer d'objets bizarres.

Plus les lois se manifestent, plus les voleurs s'accroissent.

C'est pourquoi le Saint dit : Je pratique le non-agir et le peuple se convertit de lui-même.

J'aime la quiétude, et le peuple se rectifie de lui-même.

Je m'abstiens de toute occupation, et le peuple s'enrichit de lui-même.

Je me dégage de tous désirs, et le peuple revient de lui-même à la simplicité.

CHAP. LVIII. — Lorsque l'administration (paraît) dépourvue de lumières, le peuple devient riche.

Lorsque l'administration est clairvoyante, le peuple manque de tout.

Le bonheur naît du malheur, le malheur est caché au sein du bonheur. Qui peut en prévoir la fin ?

Si le prince n'est pas droit, les hommes droits deviendront trompeurs, et les hommes vertueux, pervers.

Les hommes sont plongés dans l'erreur, et cela dure depuis bien longtemps ?

C'est pourquoi le Saint est juste et ne blesse pas (le peuple).

Il est désintéressé et ne lui fait pas de tort.

Il est droit et ne le redresse pas.

Il est éclairé et ne l'éblouit pas.

CHAP. LX. — Pour gouverner un grand royaume, (on doit) imiter (celui qui) fait cuir un petit poisson.

Lorsque le prince dirige l'empire par le Tao, les démons ne montrent point leur puissance.

Ce n'est point que les démons ne (puissent) blesser les hommes, c'est que le Saint lui-même ne blesse point les hommes.

Ni le Saint ni les démons ne les blessent; c'est pourquoi ils confondent ensemble leur vertu.

CHAP. LXI. — Un grand royaume (doit s'abaisser comme)

les fleuves et les mers, où se réunissent (toutes les eaux de) l'empire.

Dans le monde, telle est le rôle de la femelle. En restant en repos, elle triomphe constamment du mâle. Ce repos est une sorte d'abaissement.

C'est pourquoi, si un grand royaume s'abaisse devant les petits royaumes, il gagnera les petits royaumes.

Si les petits royaumes s'abaissent devant un grand royaume, ils gagneront le grand royaume.

C'est pourquoi les uns s'abaissent pour recevoir, les autres s'abaissent pour être reçus.

Ce que désire uniquement un grand royaume, c'est de réunir et de gouvernerner les autres hommes.

Ce que désire uniquement un petit royaume s'est d'être admis à servir les autres hommes.

Alors tous obtiennent ce qu'ils désiraient.

Mais les grands doivent s'abaisser !

Chap. LXIV. — Ce qui est calme est aisé à maintenir ; ce qui n'a pas encore paru est aisé à prévenir ; ce qui est faible est aisé à briser ; ce qui est menu est aisé à disperser.

Arrêtez le mal avant qu'il n'existe ; calmez le désordre avant qu'il n'éclate.

Un arbre d'une grande circonférence est d'une racine aussi déliée qu'un cheveu ; une tour de neuf étages est sortie d'une poignée de terre ; un voyage de mille lis a commencé par un pas !

Celui qui agit échoue ; celui qui s'attache à une chose la perd.

De là vient que le Saint n'agit pas ; c'est pourquoi il n'échoue point.

Il ne s'attache à rien ; c'est pourquoi il ne perd point.

Lorsque le peuple fait une chose, il échoue toujours au moment de réussir.

Soyez attentif à la fin comme au commencement, et alors vous n'échouerez jamais.

De là vient que le Saint fait consister ses désirs dans l'absence de tout désir. Il n'estime point les biens d'une acquisition difficile.

Il fait consister son étude dans l'absence de toute étude, et se préserve des fautes des autres hommes.

Il n'ose pas agir afin d'aider tous les êtres à suivre leur nature.

CHAP. LXV. — Dans l'antiquité, ceux qui excellaient à pratiquer le Tao ne l'employaient point à éclairer le peuple ; ils l'employaient à le rendre simple et ignorant.

Le peuple est difficile à gouverner, parce qu'il a trop de prudence ;

Celui qui se sert de la prudence pour gouverner le royaume, est le fléau du royaume.

Celui qui ne se sert pas de la prudence pour gouverner le royaume, fait le bonheur du royaume.

Lorsqu'on connaît ces deux choses, on est le modèle (de l'empire).

Savoir être le modèle (de l'empire), c'est être doué d'une vertu céleste.

Cette vertu céleste est profonde, immense, opposée aux créatures.

Par elle, on parvient à procurer une paix générale.

CHAP. LXVI. — Pourquoi les fleuves et les mers peuvent-ils être les rois de toutes les eaux ?

Parce qu'ils savent se tenir au-dessous d'elles.

C'est pour cela qu'ils peuvent être les rois de toutes les eaux.

Aussi, lorsque le Saint désire d'être au-dessus du peuple, il par ses paroles, il se met au-dessous de lui.

Lorsqu'il désire d'être placé en avant du peuple, il faut que, de sa personne, il se mette après lui.

De là vient que le Saint est placé au-dessus de tous et il n'est point à charge au peuple; il est placé en avant de tous et le peuple n'en souffre pas.

Aussi, tout l'empire aime à le servir et ne s'en lasse point.

Comme il ne dispute pas (le premier rang), il n'y a personne dans l'empire qui puisse le lui disputer.

CHAP. LXXV. — Le peuple a faim parce que le prince dévore une quantité d'impôts.

Voilà pourquoi il a faim.

Le peuple est difficile à gouverner parce que le prince aime à agir.

Voilà pourquoi il est difficile à gouverner.

Le peuple méprise la mort parce qu'il cherche avec trop d'ardeur les moyens de vivre.

Voilà pourquoi il méprise la mort.

Mais celui qui ne s'occupe pas de vivre est plus sage que celui qui estime la vie.

CHAP. LXXVI. — Quand l'homme vient au monde, il est souple et faible; quand il meurt, il est roide et fort.

Quand les arbres et les plantes naissent, ils sont souples et tendres; quand ils meurent, ils sont secs et arides.

La roideur et la force sont les compagnes de la mort; la souplesse et la faiblesse sont les compagnes de la vie.

C'est pourquoi, lorsqu'une armée est forte, elle ne remporte pas la victoire.

Lorsqu'un arbre est devenu fort, on l'abat.

Ce qui est fort et grand occupe le rang inférieur; ce qui est souple et faible occupe le rang supérieur.

CHAP. LXXVIII. — Parmi toutes les choses du monde, il n'en est point de plus molle et de plus faible que l'eau; et cependant, pour briser ce qui est dur et fort, rien ne peut l'emporter sur elle.

Pour cela, rien ne peut remplacer l'eau.

Ce qui est faible triomphe de ce qui est fort; ce qui est mou triomphe de ce qui est dur.

Dans le monde il n'y a personne qui ne connaisse (cette vérité), mais personne ne peut la mettre en pratique.

C'est pourquoi le Saint dit : Celui qui supporte les opprobres du royaume devient chef du royaume.

Celui qui supporte les calamités du royaume devient le roi de l'empire.

Les paroles droites paraissent contraires (à la raison).

CHAP. LXXX. — (Si je gouvernais) un petit royaume et un peuple peu nombreux, n'eût-il des armes que pour dix ou cent hommes, je l'empêcherais de s'en servir ;

J'apprendrais au peuple à craindre la mort et à ne pas émigrer au loin.

Quand il aurait des bateaux et des chars, il n'y monterait pas;

Quand il aurait des cuirasses et des lances, il ne les porterait pas.

Je le ferais revenir à l'usage des cordelettes nouées.

Il savourerait sa nourriture, il trouverait de l'élégance dans ses vêtements, il se plairait dans sa demeure, il aimerait ses simples usages.

Si un autre royaume se trouvait en face du mien, et que les cris des coqs et des chiens s'entendissent de l'un à l'autre, mon peuple arriverait à la vieillesse et à la mort sans avoir visité le peuple voisin.

CHAP. LXXXI. — Les paroles sincères ne sont pas élégantes ; les paroles élégantes ne sont pas sincères.

L'homme vertueux n'est pas disert ; celui qui est disert n'est pas vertueux.

Celui qui connaît (le Tao) n'est pas savant ; celui qui est savant ne le connaît pas.

Le Saint n'accumule pas (les richesses).

Plus il emploie (sa vertu) dans l'intérêt des hommes, et plus elle augmente.

Plus il donne aux hommes, et plus il s'enrichit.

Telle est la voie du Ciel, qu'il est utile aux êtres et ne leur nuit point.

Telle est la voie du Saint : il agit et ne dispute point.

II. — FRAGMENTS DU 南 華 經 *Nan-hoa-King* DE TCHOUANG-TSE,

Les fragments donnés ci-après sont empruntés à la version anglaise de Balfour, que nous avons traduite en français. Il nous a paru inutile de reproduire des passages du chapitre 1er du *Nan-hoa-King*, puisque les membres de la Société d'Ethnographie en possèdent la traduction complète insérée par M. Léon de Rosny dans les *Mémoires du Comité Sinico-Japonais* (Voy. plus haut, dans ce volume, p. 96).

On lira également avec intérêt la traduction d'un fragment de Tchouang-tse, par Mlle Blanche Philiponet (Voy. plus haut, p. 14).

CHAP. II. — Le grand savoir peut se répandre loin ; le petit savoir est limité. Les grandes émissions de paroles sont resplendissantes, les petits discours ne sont qu'un pur bavardage.

Durant le sommeil, l'âme est isolée et calme ; dans l'état de veille, la forme corporelle est rendue au mouvement.

...... S'il n'existe personne en dehors de Moi, je n'existe pas moi-même, et par conséquent je n'ai besoin de rien. Cet état approche de la conception [des pouvoirs productifs de la Nature.

(Le commentateur Wang Ki-yih, dit Balfour, remarque, par voie d'amplification, que « les opérations du Ciel ne sont jamais absentes du corps humain ». L'idée, ajoute-t-il, est que le corps est un microcosme).

On ignore cependant qui, comme *primum mobile*, m'a doté de cette propriété. C'est à peu près comme s'il existait un Être Suprême ; mais la Cause Première de toutes les choses est fort loin en dehors de notre compréhension. Qu'il existe Un être dont provient pour moi le pouvoir de la motion, je veux bien le croire ; mais je n'ai jamais vu sa forme. Il a des sentiments, mais il n'a pas de forme.

L'Univers entier possède une Existence absolue (ou « une Existence absolue depuis le commencement »). Il est en outre en possession d'une Potentialité Inhérente. Il n'existe rien sans une existence absolue ; il n'y a rien sans potentialité inhérente.

La division de l'énergie immatérielle de la Nature [ou la rupture du germe vital de la matière] produit l'Univers visible ; et après que cela est accompli, il y a la destruction. Avant cet accomplissement, la destruction n'existait pas. Seul le Sage est capable de comprendre cela complètement.

Les choses étant ainsi, ce qui n'est pas nécessaire a seulement la puissance de l'inutilité. La puissance de l'inutilité est utile par elle-même. L'inutilité des choses qui ne servent point est ainsi parfaitement évidente. Mais en quoi consiste cette évidence ? L'acquisition de la Vérité qui arrive soudain, et dès

lors toute chose est claire. Voilà d'où vient la Raison [que tout
est Un].

La Vérité étant Une, on ignore néanmoins comment et dans
quelle voie il en est ainsi; il s'agit en réalité de comprendre
les sources mêmes de la vérité. Même si l'esprit de l'homme
(suivant quelques commentateurs 神 明 *chin-ming* « les lumières intellectuelles » et non les Dieux, comme traduit
Balfour) s'épuise pour découvrir le principe de la Raison, il n'en
demeure pas moins impuissant à saisir l'Unité. C'est ce qui
s'appelle « le Trois Matinal » (*Tchao San*). Mais qu'est-ce que
« le Trois Matinal »?

Il était une fois un maître de singes qui, en distribuant des
glands à ses animaux, leur dit : « Le matin, je vous distri-
buerai trois glands, et le soir quatre ». Là-dessus tous les
singes se mirent dans une grande colère. Le maître des singes
leur dit alors : « Eh bien ! soit; je vous en donnerais quatre le
matin et trois le soir »; et alors tous les singes furent dans
dans une grande joie. Le nombre des glands n'en était pas
moins le même; l'expression de la colère et du plaisir provenait
en somme d'une seule et même chose. C'est pourquoi, pour
l'homme sage, toutes les différences sont égales et l'équilibre
n'est pas troublé; c'est pourquoi je professe l'obéissance à
la volonté de l'Univers. Les hommes des anciens temps étaient
parvenus au plus haut degré de la Connaissance? Mais comment
savoir quel est le plus haut degré de la Connaissance? Il y a des
gens qui parlent d'un temps où Rien n'existait, — un néant
sans fin et sans limite, où aucun accroissement n'était possible.
Ensuite eut lieu la création; mais il n'y avait pas encore de
divisions. Subséquemment néanmoins les divisions prirent place,
quoiqu'il n'y eut pas encore même de lutte (c'est-à-dire d'éléments en conflit de forces opposées). L'antagonisme entre l'être

bon et mauvais déclara comme conséquence que le Principe Originel de la Nature (道 *tao*) était rompu. Le Principe Originel de la Nature étant ainsi rompu, le principe des intérêts adverses se manifesta. Maintenant, y avait-il là réellement complémentation ou destruction ?....

Le Ciel, la Terre et l'Homme furent produits simultanément. Tout ce qui existe dans le Monde est Un avec moi (c'est-à-dire « tout dérive de la même source »). Or donc si toutes les choses sont une, que peut-on dire en plus? Du moment où on a déclaré l'unité de toutes choses, comment peut-on affirmer qu'on ne l'a pas déclarée? Mais, si à cette parole on ajoute un, cela devient deux; si, à deux, on ajoute un, cela devient trois. Si l'on procède de ce Trois, il est impossible, même pour les plus savants en arithmétique, d'arriver au bout de la série des nombres. Comment y aurait-il possibilité de comprendre pour les ignorants. De la sorte, du *non-ens* ou vacuité, nous arrivons à l'existence positive, nous arrivons au Triple (pouvoir); et de ce point, nous progressons indéfiniment d'une forme d'existence à une autre. Quand aucun progrès ultérieur ne peut-être réalisé, nous retournons alors à ce qui avait été antérieurement. La Divine Raison a toujours été illimitable; la parole (言 *yen*) a toujours été toute-puissante. C'est seulement par la suite qu'il s'est produit des limitations et des divisions.

Les personnes sans raisonnement s'imaginent qu'elles sont éveillées quand elles sont plongées dans les rêves, et elles sont néanmoins convaincues qu'elles sont en présence d'un fait réel. Je vous dis : vous êtes dans un rêve; et, moi qui vous dis cela, je le dis dans un rêve *(Yu hoeï jou meng, i meng ye)*. Cette doctrine peut bien être appelée étrange et mystérieuse, mais quand une période de dix mille années sera arrivée à sa fin, il apparaîtra alors un grand Saint Homme qui en comprendra la signification (*Ta-ching tchi ki kiaï*); il existe même maintenant, comme s'il se trouvait dans notre milieu.

Comment peut-on savoir ce qui est certain et ce qui n'est pas certain ? Il y a quelque temps, Tchouang-tchou rêva qu'il était un papillon, un joyeux papillon, voltigeant de côté et d'autre. Il y avait là une expression métaphorique pour exprimer l'idée du calme heureux. N'est-il pas impossible de savoir avec certitude si Tchouang-tchou rêvait qu'il était papillon, ou si le papillon rêvait qu'il était Tchouang-tchou ? Il y a nécessairement une grande différence entre Tchouang-tchou et un papillon. C'est ce qu'on appelle la théorie de la métamorphose.

CHAP. VI. — Un homme qui comprend les voies du Ciel et les voies des Hommes peut-être regardé comme ayant atteint la Perfection. La sagesse qui permet à un homme de comprendre les voies du Ciel provient du Ciel lui-même. Comprenant les voies des hommes, il emploie sa sagesse à préserver et à entretenir sa vie. La longueur de la vie de quelqu'un ne peut pas être connue ; même lorsque la durée d'une vie fixée par le Ciel est accomplie, le secret de la vie est encore non atteint. La sagesse de celui qui comprend les voies du Ciel est immense; en vérité. Cependant il peut souffrir des tribulations ; sa sagesse le rend capable d'attendre et de veiller jusqu'à ce que tout devienne éventuellement une certitude. Tandis qu'il attend ainsi, il laisse ses affaires dans un état indécis. Comment même est-il possible de savoir, d'après ce que j'ai dit, si le Ciel et l'Homme ne sont pas une seule et même chose ? Car là où existe un Homme Divin, il y a aussi la Divine Sagesse. Et qui peut-être appelé un Homme divin (1) ? Les Hommes Divins des anciens temps

____

(1) M. Balfour a cru devoir traduire les mots *tchin-jin*, littéralement

ne s'abandonnaient pas dans des conjectures sur l'insignifiance (hommes et choses) de ce qui les entourait ; ils n'accomplissaient pas d'efforts extraordinaires pour exécuter des grandes choses ; il ne faisaient jamais de plans pour réaliser aucune affaire. De la sorte, ils n'avaient jamais lieu de se repentir d'avoir fait des erreurs et n'éprouvaient point de satisfaction lorsque le succès couronnait une entreprise. Ils pouvaient escalader de hautes élévations sans être effrayés, plonger dans l'eau sans se noyer, passer au travers du feu sans être brûlés ; de la sorte, leur expérience les rendaient capables de planer dans les plus hautes zones de la Sagesse.

Quand il arrivait aux Hommes Divins des anciens temps de dormir, ils ne rêvaient jamais ; et, durant les heures de veille, ils ne connaissaient aucune tristesse. Quand ils mangeaient, ils dédaignaient les mets agréables et ne prenaient aucun goût à leur nourriture ; leur respiration était profonde et régulière, car les Hommes Divins la tiraient du talon, tandis que le vulgaire respire seulement du gosier..... Pour les Hommes Divins de l'antiquité, la vie n'avait pas de charmes et la mort pas de terreur. Vivants, ils ne connaissaient aucun orgueil ; mourants, ils n'opposaient aucune résistance. Ils n'oubliaient pas le passé et ne se préoccupaient pas de ce qui pouvait arriver à la fin. Du moment où ils étaient nés, ils acceptaient le fait tel qu'il s'était présenté ; quand la mort arrivait, ils redevenaient ce qu'ils avaient été auparavant. Étant ainsi, leur

---

« homme vrai, homme pur, » par ce qu'il croit être « le sens ésotérique » de cette expression, savoir par «Divine Man ». Une telle interprétation mériterait à tous égards d'être discutée avec soin par les critiques et les exégètes capables de comprendre les importants commentaires que nous possédons du *Nan-hoa King* de Tchouang-tse.

cœur ne repoussait pas la Vraie Sagesse ; comme les autres hommes, ils ne cherchaient pas des moyens humains pour contrevenir aux décrets du Ciel... Leur cœur était exempt de tout souci et ils demeuraient dans l'état d'inactivité absolue.

.... Les hommes vantent l'empereur *Yao* pour ses bonnes qualités et condamnent l'empereur *Kieh* pour sa mauvaise nature ; mais ma théorie m'enseigne à mépriser le mérite de l'un et la scélératesse de l'autre et à ne reconnaître aucune différence entre eux.

CHAP. — Les révolutions de la Voie du Ciel (de la Nature) n'ont point d'arrêt ; c'est pourquoi toutes les choses sont conduites à la perfection. Les révolutions de la Voie de Dieu (qui est avec le travail de la Nature) n'ont pas d'arrêt ; c'est pourquoi le monde entier dépend de Lui. Les révolutions de la Voie du Saint Homme n'ont pas d'arrêt ; c'est pourquoi tout dans les quatre saisons le suit avec obéissance. Pour ceux qui possèdent la vertu des empereurs et des princes (la Voie du) Ciel est claire, et (la Voie de la) Sainteté est manifeste.

III. — LES PHILOSOPHES DU JAPON.

Les insulaires de l'Extrême-Orient ont successivement emprunté aux différents peuples avec lesquels ils se sont trouvés en contact les idées philosophiques et religieuses qui ont été par la suite cultivées dans leur pays. Malgré les très remarquables travaux d'érudition qu'ils ont fait paraître sur le Sintauisme ou Religion nationale primitive de leur archipel, il ne semble pas qu'ils aient aperçu dans leurs anciens livres les moindres traces de théories philosophiques d'une sérieuse valeur. Dans son cours à l'École des Hautes-Études, M. Léon de Rosny nous a cependant démontré qu'il était possible de découvrir, au moins dans deux de leurs ouvrages canoniques, le *Ko-zi-ki* et le *Yamato-boumi* des vestiges de très remarquables aperceptions.

Suivant les données qui nous ont été fournies jusqu'à ce jour par les orientalistes, le premier mouvement intellectuel, dans l'ordre des choses philosophiques et religieuses, ne daterait pas au Japon d'une époque antérieure à l'introduction des lettres chinoises dans cet empire. C'est alors que la doctrine morale de Confucius se serait répandue dans le Nippon et aurait été adoptée avec un véritable enthousiasme par un certain nombre d'indigènes qui voyaient là un moyen d'établir leur suprématie sur la foule ignorante et corvéable.

Grâce aux livres de l'École Confucéiste, dont les Japonais publièrent de nombreuses éditions avec des traductions en leur langue enrichies de gloses et de commentaires, les idées chinoises se répandirent dans les écoles et opérèrent une sorte de première transformation de l'esprit des autochtones. Il paraît probable que le Taoïsme fut également introduit par les Chinois peu de temps après et que la doctrine de Lao-tse, dénaturée par le clergé Taosseiste ne tarda pas à faire impression sur les masses.

Toutefois une plus grande révolution dans les esprits se manifesta peu après par l'introduction de la grande doctrine indienne de Çâkya-mouni et, pendant de nombreux siècles, le Bouddhisme rivalisa puissamment avec le Confucéisme, au point de devenir la doctrine officielle de l'empire du Soleil-Levant. Jusqu'à présent nous connaissons fort mal les particularités distinctives des différentes sectes bouddhiques du Japon. Nous savons néanmoins qu'elles se traduisirent le plus souvent par un pur formalisme du plus bas étage et par des cérémonies enfantines et ridicules. On cite cependant plusieurs sectes, entre

autres celle de Ten-daï, qui auraient énoncé des principes
philosophiques d'une véritable supériorité.

Le mouvement intellectuel qui, depuis la dernière révolution,
s'est opéré chez les Japonais leur a fait désirer d'acquérir une
connaissance au moins rudimentaire des idées philosophiques
cultivées par les Européens ; et bientôt l'amour-propre national
se mettant de la partie, quelques indigènes essayèrent d'établir
qu'il s'était produit spontanément un travail original de pensée
chez leurs compatriotes. C'est ainsi qu'un professeur de l'Université de Tòkyau, M. Tetsusirô-Inouyé, a jugé à propos de com-
muniquer à la XIe session du Congrès International des Orientalistes, tenue à Paris en 1897, une étude *Sur le développement
des idées philosophiques au Japon avant l'introduction de la
Civilisation européenne.* Ce travail n'est pas sans intérêt, en ce
sens qu'il nous donne les noms des hommes que les Japonais
considèrent comme les plus célèbres philosophes de leur région.
Bien qu'il ne semble pas que ces philosophes aient énoncé des
idées fort originales, nous avons cru utile de faire ici quelques
emprunts à la notice de M. Inouyé.

D'après ce savant Japonais, les principaux philosophes de son
pays seraient les suivants :

Fudi-vara-no Sei-gwa ;	*I-tô Zin-sai ;*
Hayasi Ra-zan ;	*I-tô Tô-gwai ;*
Nakaye Tô-zyu ;	*Kai-bara Yek-ken ;*
Yama-saki An-sai ;	*Butu So-rai ;*
Yama-ga So-kau ;	*Oho-siwo Tyu-sai.*

FUDI-VARA-NO SEI-GWA, qui vécut de 1565 à 1619, fut un
des premiers Japonais qui tentèrent de provoquer dans leur
pays une certaine somme de réaction contre le Confucéisme qui
était alors la doctrine la plus répandue parmi les Lettrés. Il fit

une étude approfondie de la doctrine du célèbre philosophe chinois 朱子 *Tchou-tse* (jap. *Syu-si*) et parvint à la répandre dans le monde littéraire et scientifique. Il avait été tout d'abord bonze et même supérieur d'un couvent bouddhique. Il finit par renoncer à cette religion, parce que, suivant lui, elle enseignait le renoncement aux rapports de famille. Il embrassa, en conséquence, la doctrine de Confucius.

HAYASI RA-ZAN (né en 1583; décédé en 1657) fut le plus célèbre disciple du précédent. Protégé par le généralissime *Iyéyasou*, il parvint à faire adopter la philosophie de *Tchou-tse* comme le principe de l'enseignement dans les écoles de l'État.

NAKAYE Tô-zYU (né en 1608; décédé en 1678) fut, au Japon, le premier adhérent de 王邓易明 *Wang Yang-ming*, le plus remarquable philosophe de la dynastie chinoise des *Ming*, lequel professait sur quelques points essentiels des théories ablument contraires à celles de *Tchou-tse*.

YAMA-SAKI AN-SAI (né en 1618; décédé en 1682) fut, comme le précédent un renégat du Bouddhisme et un adhérent de la doctrine de Tchou-tse. Arrivé à un certain âge, il étudia la religion du 神道 *Sin-tau* qu'il chercha à expliquer philosophiquement d'après les principes de Tchou-tse. Il fonda en conséquence une nouvelle École Sintauiste qui reçut le nom de *Sai-ga Sin-tau*. L'influence de cette école s'est maintenue jusqu'à nos jours.

YAMA-GA So-KAU (né en 1622; décédé en 1685) fut, suivant M. Inouyé, un penseur très original. On peut le croire sans peine, car il a été, paraît-il, fondateur de l'art militaire nouveau

qui, de son nom, s'appelle « la Méthode de Yama-ga ». On a
de lui un ouvrage intitulé *Seï-kyau yeô-roku* « Exposé des principes de l'Enseignement et de la Sagesse », dans lequel il
attaque les idées de Tchou-tse dont il avait été adhérent jusqu'à
l'âge de 40 ans.

D'après So-kau, le monde n'est qu'une grande forme visible
des deux principes fondamentaux du dualisme, le *Yin* ou Principe femelle et le *Yang* ou Principe mâle; il n'a jamais commencé d'exister par le fait d'une création, mais il est devenu
ce qu'il est par « la nécessité ». Aussi le monde continue-t-il
d'exister pour toujours, c'est-à-dire sans commencement ni fin.
Il n'y a dans le monde qu'un engendrement perpétuel, un développement continuel. Quand une chose arrive à son terme, une
autre chose commence à exister aussitôt. Il n'y a de vrai que
le « Devenir ». La Morale n'est rien autre chose que le principe
même du monde. Ce principe est la Loi naturelle d'après
laquelle tous vivent sans en avoir connaissance. Ceux là seuls
qui la connaissent et s'y conforment sont les Sages (聖).

I-TÔ ZIN-SAI (né en 1625; décédé en 1706) appartient à la
même école que So-kau. Suivant lui, lorsque les hommes
meurent, leur âme est transmise à leurs descendants qui, à
leur tour, la transmettent aux leurs. Contrairement à Tchou-tse,
qui admet dans le monde deux principes, savoir le *Ri* ou
« Principe Idéal » et le *Ki* ou « Principe Matériel », Zin-sai
n'admet que l'existence de ce dernier. Le Principe Matériel
n'est pas issu du Principe Idéal; mais ce dernier se trouve
renfermé dans le premier. Comme So-kau, il nie la création du
monde; contrairement à Tchou-tse, il soutient que la nature
originelle de l'homme n'est pas nécessairement bonne et qu'il
n'y a pas lieu de faire un retour en arrière, mais bien de faire

tous ses efforts pour développer ce qu'il y a de bon en soi. M. Inouyé considère Zin-sai comme le vrai représentant de la philosophie de son pays, parce qu'il a cru à l'amélioration du genre humain dans l'avenir, et nullement à la dégénérescence d'un état absolument bon, comme l'ont enseigné presque tous les philosophes chinois.

Zin-sai eut pour disciple et continuateur son fils I-TÔ-GWAI (né en 1670; décédé en 1736).

KAI-BARA YEK-KEN (né en 1630; décédé en 1714). Il est l'auteur d'un ouvrage intitulé *Tai-gi Roku* « Exposé du Grand-Doute ». M. Inouyé cite de lui le passage suivant : « Dans le monde, il n'y a que *Ki*, c'est-à-dire « l'Énergie » qui soit à l'état d'engendrement continuel. Les deux principes réciproques de *Yin* et de *Yau* se trouvent dans le courant actif de l'énergie. Envisageons-nous que l'Énergie devient tantôt *Yin*, tantôt *Yau*, nous l'appelons *Dau*, c'est-à-dire « la Voie humaine ». Est-elle au contraire régulière et bien ordonnée, nous la nommons *Ri*, c'est-à-dire Principe Idéal. *Dau* et *Ri* sont ainsi foncièrement la même chose ; et en réalité *Ki* et *Ri* ne sont pas non plus différents. C'est une erreur de considérer *Ki* et *Ri* comme deux choses. *Ki* et *Ri* en fait ne font qu'un, qu'il faut distinguer à différents points de vue. On ne doit donc point parler de leur séparation ou de leur combinaison. *Ri* n'existe pas comme chose indépendante, mais ce n'est plutôt qu'un attribut de *Ki* ». En conséquence de ces idées, le *Ki* est le premier principe d'où viennent toutes les choses dans le monde.

BUTU SO-RAI, ou BUSSORAI (né en 1666; décédé en 1728) s'est occupé surtout de Morale. Il soutient la thèse que la Moralité « peut se développer par le Développement à l'intérieur du sens de la conscience ». D'après So-rai, la Loi morale ne saurait se trouver ni dans le cœur ni dans la nature : c'est quelque chose de créé au commencement pour que le monde se conduise bien et se contente de la vie. Ce n'est à nul autre qu'au Sage de créer la Loi morale ; gouverner par cette loi, est l'affaire du Souverain ; obéir, est celle du peuple.

OHO-SIWO TYU-SAI (né en 1794; décédé en 1837) soutient l'existence d'une relation mutuelle entre le microcosme et le macrocosme. Ce dernier, étant le prototype du microcosme, on doit faire dériver du macrocosme tout ce qui se rapporte au microcosme, comme par exemple la Loi morale. Mais il faut avant tout remarquer la conformité entre le macrocosme et le microcosme. La qualité essentielle du macrocosme est certainement le Grand Vide qui n'est autre chose que le Ciel (天).
Même dans un bambou ou dans une pierre se trouve le Vide ; c'est également le Ciel ; d'où le Vide du cœur ou de l'âme est la même chose que le Ciel. Si nous ne considérons les choses que physiquement, le corps contient le cœur ; en d'autres termes le cœur est dans le corps. Si, au contraire, nous considérons les choses métaphysiquement, le cœur renferme le corps, ou, en d'autres termes, le corps est dans le cœur. D'ailleurs, il n'y a aucune différence entre le Vide au dehors du corps et le Vide dans le cœur : l'un et l'autre ne sont que le Ciel. Donc le Ciel est non seulement dehors, mais encore dedans, ce qui revient à dire que mon cœur est tout à fait le Ciel. Toutes les choses du monde sont ainsi contenues dans le cœur. Si donc, dans le monde, quelque chose d'animé ou d'inanimé vient à se rompre, dans mon cœur naît le sentiment de la douleur, parce que, à proprement parler, cela est dans mon cœur. N'a-t-on aucun bas désir, le Vide se trouve dans le cœur, et le Vide n'est qu'une clarté spirituelle. Remplit-on son cœur de bas désirs, le

Vide dès lors n'y sera plus et il deviendra impossible de recevoir toutes les bonnes choses du monde. Ceux dont le cœur reste toujours comme un Vide sont les Sages. De là vient qu'ils peuvent supporter avec magnanimité même le Vulgaire ; tandis que celui-ci ne saurait souffrir le Sage.

Tyu-sai est mort en héros et en martyr de l'humanité ; poursuivi par les soldats du gouvernement, il a trouvé un refuge dans lequel il s'est brûlé avec son enfant.

IV. — FRAGMENTS DE LIEH-TSE.

Les fragments donnés ci-dessous sont empruntés à la traduction allemande de l'œuvre de *Lieh-tse* ou *Licius*, composée par Ernst Faber (Elberfeld, 1877 ; in-8°) ; nous en devons la communication au savant secrétaire-général de la Société d'Ethnographie, M. Célestin Pret.

I, 2. — L'ENFANTANT NON ENFANTÉ (créateur non créé) ET LE CHANGEANT INCHANGEABLE. — Il dit : Il y a un enfantant qui n'est pas enfanté (*natura non naturata*) et un changeant qui ne change pas. Le non-né est capable d'enfanter la vie (*natura naturans*). Le non-changeant peut changer. Le vivant ne peut pas autrement produire que la vie ; le changeant ne peut pas autrement produire que le changement. De là, la production constante (la création de la vie) et le constant changement. Le produisant éternel et le changement éternel ne sont jamais sans manifestation (la vivification) et jamais sans changement. Ce sont les forces dualistes, ce sont les quatre périodes de la vie. Le non-né est absolument unique (*Tao-teh-king*, chap. XXV). Ce qui ne peut être changé roule sans fin de toutes parts, son espace est infini ; il est absolument unique et sans cause (principe) dans ses voies (*Tao*). Le livre de l'Empereur jaune dit : L'Esprit de l'Inaccompli (non rempli, non achevé) ne meurt pas. C'est la Matrice profondément cachée, dont la porte est nommée la Cause du Ciel et de la Terre. Il est en l'un et l'autre et par l'un et l'autre, comme un Tout et produit sans effort (*Tao-teh-king*, chap. VI). Le produisant les choses est donc lui-même non mû. Il est la vie même, le mouvement même, la forme même, la figure même, la sagesse même, la force même, la croissance (le développement) même, le renoncement même. Et cependant l'appeler Vie (naissance), Mouvement, Forme, Figure, Sagesse, Force, Croissance (Développement), Renoncement, ce n'est pas exact.

II, 4 *a*. — LE CIEL, LA TERRE et L'HOMME (三 才 *San - tsai*) ONT LEURS FONCTIONS DÉTERMINÉES. — Le philosophe Lieh-tse dit : Le Ciel et la Terre n'ont pas de mérite (œuvre) absolu; le Saint pas de Pouvoir absolu, les 10,000 choses, pas d'utilité (usage) absolue. En conséquence, c'est la fonction du Ciel de couvrir en animant; c'est la fonction de la Terre de conserver en formant; c'est la fonction du Saint de donner la forme en enseignant; la fonction des choses, c'est la Convenance.

Mais ensuite le Ciel aussi est court, la Terre aussi est longue, le Saint aussi est vain (frivole) et les choses aussi sont importantes.

Ce qui couvre en animant peut donc ne pas conserver en formant; ce qui conserve en formant peut ne pas donner la Forme en enseignant. Ce qui donne la forme en enseignant peut ne pas être opposé à la Convenance; ce qui est déterminé en Convenance n'abandonne pas sa sphère.

En conséquence, la Voie (*Tao*) du Ciel et de la Terre est, sinon mâle, alors femelle, la Doctrine des Saints, sinon l'Amour, alors la Justice (Équité); la Convenance des Choses est, sinon la dureté; alors le mou (la tendreté). Chaque chose suit sa convenance et ne peut pas abandonner sa sphère.

I, 5. — LE DEVENIR EST QUADRUPLE : *a,* Mouvement, *b,* Commencement, *c,* Naissance, *d,* Condensation. Unité et Pluralité. Le Ciel, le léger ; la Terre, le lourd.

Le philosophe Lieh-tse dit : Avant les temps, les Saints prirent les forces doubles (dualistes) pour la substance du Ciel et de la Terre. Là pourtant le Formé est-il né du Sans-Forme, duquel est né ensuite le Ciel et la Terre ?

En conséquence, il dit : Il y a un grand mouvement, un grand commencement, une grande naissance et une grande condensation. Dans le grand mouvement, la force est encore cachée. Dans le grand commencement, commence le développement de la force. Dans la grande naissance, naît la Forme. Dans la grande condensation, commence la Matière. La Force, la Forme et la Matière sont-elles encore unies et non séparées les unes des autres : cela s'appelle le « Chaos ». Le Chaos désigne toutes les choses à l'état de chaos les unes à l'égard des autres et non encore séparées les unes des autres. L'observe-t-on, on ne voit rien, on n'écoute rien, on n'entend rien, on n'atteint rien, et rien n'est obtenu (*Tao-teh-king,* chap. xiv). En conséquence cela s'appelle Mouvement (*Yih*; dans le *Tao-teh-king,* il y a une autre désignation pour cette même chose. Lieh-tse ne connaissait pas l'Hypothèse-Jéhova). Le Mouvement n'a pas de limitation de forme.

Le Mouvement change et devient l'Unité. L'Unité change et devient sept. Le sept change et devient neuf. Le Changement du Neuf est le point-sommet (culminant); s'il se produit encore un changement, on revient à l'Unité. L'unité est le commencement du mouvement de la Forme.

Le Pur et Léger forment en haut le Ciel, le Trouble et Lourd font en bas la Terre ; ce qui harmonise la substance (*hi*) forme l'Homme. Parce que aussi le Ciel et la Terre embrassent l'Immatériel (l'éther), les 10.000 choses (萬物, tout ce qui existe) sont engendrées.

I, 6. — LES PHASES DE DÉVELOPPEMENT (sorte de Darwinisme). — La Semence a des phases de développement : ainsi les grenouilles sont des cailles — (on dirait aujourd'hui : ainsi les hommes sont des singes). Sur l'eau, elle devient algue ; sur le bord de l'eau, lichen ; sur le sol des montagnes, mousse. Si l'on donne de l'engrais à la mousse, elle devient gazon (*Wu tsuh*). Les racines du gazon deviennent larves ; ses feuilles, papillons. Le gazon est-il enlevé, des vers se développent sous la chaleur du poêle ; leur forme ou figure est nue (sans croûte ou carapace, etc.) ; leur nom est *Khü-tschüh*. Cette espèce de ver se transforme en 1,000 jours en oiseau du nom de *Kan-yu-kuh*. De la bave du Kan-yu-kuh proviennent les moucherons. Ceux-ci se changent en moucherons au vinaigre et ces derniers engendrent les mouches au vinaigre. Les mouches au vinaigre engendrent des *Kin-yeu* (puces?). Celles-ci engendrent des névroptères, et ces derniers des hannetons.

Le foie de mouton se transforme en *Ti-kau*. Le sang de cheval devient *Tschin-lun* (feux follets). Le sang de l'homme devient du feu du désert (gaz d'éclairage ?). Le milan devient faucon ; le faucon, tourterelle ; et celle-ci, après un long espace de temps, redevient faucon. L'hirondelle se transforme en coquillage à perle. La chauve-souris devient caille, les citrouilles pourries se changent en poissons. La vieille civette devient épinard. Les vieux béliers deviennent singes. Les œufs de poissons deviennent des vers. Les quadrupèdes de la montagne *Chan-wun* se fécondent eux-mêmes et enfantent ; ils s'appellent *Lui*. Les oiseaux de marais se regardent et enfantent ; ils s'appellent *Nyah*.

Le nom d'une petite femme pure est « Grande *Yu* » ; celui d'un petit homme pur est *Tschi-fung* « petite-guêpe ».

Un savant qui médite féconde (*Chan-haï-king* ou Livre des Montagnes et des Mers, liv. xiv) sans femme. Une femme qui médite conçoit sans homme. *Hau-tsih* (du temps de l'empereur Yao, 2300 ans av. J.-C.) fut engendré par une grande empreinte de pied ; *Y-yen* (du temps de Tang, 1760 avant J.-C.), par un mûrier creux.

V. — LA PHILOSOPHIE ANARCHISTE AU JAPON

Un court article sur la philosophie anarchiste chez les Japonais n'est pas déplacé dans ce volume, par ce fait que les partisans de cette doctrine, dans les îles de l'Asie Orientale, prétendent rattacher leur théorie à celle de 老子 *Lao-tse*, c'est-à-dire au Taoïsme. Il reste toutefois des incertitudes sur la question de savoir si les préceptes énoncés par cette École, tout au moins dans la forme actuelle, ne sont pas en somme une adaptation des idées Européennes à celles qui ont été professées en Chine à une époque antérieure de plusieurs siècles à l'ère chrétienne.

Les Japonais, en effet, ont éprouvé, à toutes les périodes de leur existence nationale, le besoin de faire des emprunts d'idées aux peuples avec lesquels les circonstances les ont mis en contact ; et, en faisant ces emprunts, ils ont donné la preuve des plus étonnantes facultés d'assimilation dont on puisse découvrir des exemples dans l'histoire ancienne et moderne du monde entier.

Dès leur arrivée au Nippon, ils ont mis en pratique un système qui a beaucoup contribué à leur assurer une véritable supériorité intellectuelle sur les autres populations asiatiques.

Envahisseurs d'un territoire occupé par les *Aïno*, loin de traiter les aborigènes en vaincus et de n'avoir d'autre pensée que de les exploiter, ils ont tenu à leur prouver qu'ils étaient leurs frères ou, tout au moins, que le prince *Ivaré-hiko*, leur chef, loin d'être un étranger pour eux, était de la même famille que leurs dieux indigènes et les chefs de leurs tribus. Ils ont soutenu en conséquence que leur arrivée ne devait pas être considérée comme une invasion d'ennemis, mais comme le retour de compatriotes dans le pays originel de leurs ancêtres communs.

Les Japonais, descendant de l'émigration à la tête de laquelle l'histoire place l'empereur *Zin-mou* (nom chinois qui a été donné à ce prince longtemps après sa mort), eurent bientôt des relations avec la péninsule de Corée, voisine de leurs grandes îles. C'est par cette voie qu'il apprirent l'art de l'écriture, fait qui parait établi, bien que quelques paléographes aient cru pouvoir soutenir qu'il avait existé un ancien système graphique dont on aurait retrouvé des traces au Japon et qui remonterait à une époque antérieure aux premiers rapports de ce pays avec le continent.

Le contact des Japonais avec les Coréens devait naturellement leur faire bientôt connaître le monde Chinois. Et, à partir de ce moment, les hommes instruits du Japon tinrent à honneur de provoquer au milieu d'eux la naissance d'une étonnante et très remarquable contrefaçon de la Chine lettrée. Par cela seul que, dans le Céleste Empire, on reconnaissait une classe d'hommes supérieurs, à savoir celle des adeptes de l'enseignement moral et philosophique de Confucius, les Japonais furent conduits à établir dans leurs îles une sorte de caste prééminente et une doctrine dite « des Lettrés » (*Zyu-tau*). Il fut alors entendu, s'appuyant en cela sur la doctrine de *Mô-si* (le 孟 子 *Meng-tse* des Chinois, communément désigné en Occident sous le nom latinisé de *Mencius* que lui ont donné les anciens missionnaires) que l'homme, ayant une tête et des bras, la tête devait commander à tous les autres membres.

L'introduction du Taoïsme eut plus tard, au Japon, le caractère d'une protestation contre les préséances et les privilèges auxquels prétendait la classe aristocratique des Lettrés ; mais il ne semble pas que cette protestation ait été autre chose qu'une querelle d'érudits et qu'elle ait eu une influence quelque peu sensible sur les mœurs des Japonais et sur le développement de la civilisation parmi eux. Les vieilles croyances sintauistes et le vaste panthéon de la 神ノ道 *Kami-no mitsi* rendirent d'ailleurs impossible pour longtemps encore la répansion des principes révolutionnaires de la doctrine de Lao-tse et des principaux disciples de son École. Le Bouddhisme seul paraît avoir réussi à modifier profondément l'esprit religieux et les tendances spéculatives des insulaires du Nippon. En effet, la grande et puissante doctrine indienne attribuée an bouddha Çâkya-mouni, après avoir subi de violentes persécutions, parvint à la longue à obtenir un nombre considérable d'adeptes fervents et enthousiastes sur toute l'étendue des îles de l'Asie orientale ; les Mikados eux-mêmes finirent par arborer sur leur palais impérial la bannière de cette religion, et cela au point d'abandonner volontairement leur titre de 天皇 *Ten-wau* « Souverain Céleste » et de le remplacer humblement par celui de *In* « Monastère ».

Jusqu'à plus ample informé, il ne paraît donc guère possible d'admettre que la philosophie anarchiste dont le 大上 *Taï-chang* « le Très-Haut », c'est-à-dire Lao-tse, fut en Chine le plus célèbre représentant, sinon l'initiateur, comme certains

savants orientalistes semblent le croire, ait eu des assises
sérieuses et durables au Nippon dans les temps qui ont précédé
l'apparition des Européens. Il serait même plus exact de dire
que la philosophie sociale des Taoïstes n'a été introduite chez
les Japonais qu'à une date très récente et en tout cas postérieure
à celle de l'envoi en Europe des premières ambassades du
syaugoun de Yédo et du mikado actuellement sur le trône. Le
séjour d'un petit nombre de Portugais sur quelques points du
Japon, et ensuite celui des Hollandais autorisés à établir un
comptoir sur le petit îlot artificiel de Désima au fond de la baie
de Nagasaki, avaient eu certainement pour effet d'introduire
dans les îles de l'Extrême-Orient un grand nombre d'idées
européennes ; mais, en dehors d'une certaine quantité de
conversions opérées par les missionnaires, conversions qui
motivèrent des actes de prohibition du gouvernement indigène et même de nombreuses persécutions dans les différents
états féodaux de l'Empire, ce ne fut guère que par des enseignements scientifiques, par celui de l'Histoire naturelle
surtout, que les Occidentaux obtinrent au siècle dernier
quelques succès réels dans ces lointains pays.

Depuis la dernière révolution qui, en 1868, supprima les
fonctions de *Syaugoun* (c'est-à-dire de « Lieutenant-Impérial »,
personnage désigné, dans beaucoup de livres, en raison de son
autorité effective, sous le titre de « Empereur Temporel »),
pour remettre l'autorité suprême au descendant direct de la
Grande Déesse Solaire, les transformations de l'esprit japonais
devinrent de plus en plus sensibles. Avec l'introduction du
régime parlementaire dans le pays et l'établissement à tous
égards remarquable de la presse périodique dans plusieurs
grandes villes, ces transformations furent de jour en jour plus
formelles et plus considérables. Le mouvement intellectuel a

dès lors été des plus extraordinaires et l'on peut dire, sans crainte de démenti, qu'il n'y a peut-être pas une seule religion, ni une seule doctrine philosophique et sociale de quelque notoriété en Europe, qui ne compte aujourd'hui des représentants plus ou moins sérieux, plus ou moins convaincus, dans les classes instruites et dirigeantes du Japon.

Depuis une dizaine d'années, il s'est formé au Japon un petit groupe de novateurs qui, sous le titre de *Kobé*, professe des doctrines taoïstes à bien des égards analogues aux théories des anarchistes contemporains. Ce mot *Kobé* (首) signifie communément « la tête »; mais il n'est pas impossible que ce soit purement et simplement une transcription du nom de *Cabet*, car ses membres font sans cesse usage du mot *suteru* qui signifie « abandonner », mais qui pourrait bien être une abréviation du mot « phalanstère », car il se prononce communément *ster*. Il en est de même de l'expression *Kon-sei-dé-ran* « les troubles qui ont surgi à l'époque actuelle », expression qui n'est sans doute rien autre chose que le nom de Victor Considérant et aussi du mot *ikari* « ancre de navire », qui rappelle l'Icarie du célèbre socialiste française.

L'École des Positivistes paraît plus ancienne que la précédente et on en trouve de curieuses ramifications dans plusieurs autres contrées de l'Asie Orientale où elle est généralement désignée sous le titre d'École du *Sòu* qui signifie « Nombre » et par suite « calcul, compte », (Cf. Auguste Comte). Elle est en opposition avec l'École du *Ri* ou Rationalisme qui paraît lui témoigner une assez grande somme de dédain, pour ne pas dire de hautain mépris.

La Franc-Maçonnerie, ou Société du 三合 *San-ho*, commence à s'implanter au Japon mais non point avec les particularités originales qui caractérisent, chez les Chinois, cette corporation dont le lettré Ting Tun-ling nous a donné à Paris un si curieux aperçu il y a quelques années.

La secte des Anarchistes représente ses membres comme de simples adhérents de la philosophie de *Rausi* (le *Lao-tse* des Chinois); mais les idées qu'elle préconise et dont elle réclame l'application dans la vie sociale sont, à plus d'un égard, différentes de celles du célèbre émule de Confucius. Elle n'adopte pas précisément le système du Communisme, puisqu'elle admet notamment l'institution américaine du *homestead,* d'après laquelle tout homme a le droit de posséder une propriété foncière insaisissable, mais de dimension strictement déterminée à l'avance. On peut se demander comment une pareille institution pourrait devenir pratique, sans l'existence d'un gouvernement quelconque, ce à quoi les anarchistes se refusent d'une manière absolue. Il faudrait en effet, pour établir de tels domaines particuliers et indépendants de toute autorité effective, un personnel quelconque de fonctionnaires chargés de la répartition des terrains et des bâtiments, personnel qui aurait en outre à veiller à ce qu'on n'en étendît pas les dimensions outre mesure.

Les Anarchistes japonais considèrent l'existence des armées permanentes comme une des principales causes du malheur public et de la ruine des sociétés humaines. Ils condamnent la possession des armes et engins de destruction. Dans le cas où, par le fait d'une invasion étrangère ou d'une attaque brutale, la légitime défense et la nomination d'un chef pour diriger les soldats dans la lutte improvisée deviendraient indispensables, il est entendu que si le chef est jugé digne d'une récompense pour sa valeur et sa bravoure, elle doit toujours consister en une maison d'habitation dont toutes les chambres, sans en excepter une seule, ont la vue sur un cimetière, afin de rappeler sans cesse au triomphateur le sang qu'il a fait couler (Cf. *Tao-teh-King* de Lao-tse, ch. XXX et XXXI). Personne ne doit avoir des armes, ni autres moyens de donner la mort (*Tao-teh-King*, ch. LXXX; voy. ci-dessus, pp. 182 et 193).

Non seulement les Rois, mais les chefs quels qu'ils puissent être, sont l'objet du mépris des Anarchistes, mais leur devoir est de faire tout ce qui dépend d'eux pour qu'il n'en existe pas (*Tao-teh-king*, chap. XVII).

L'inaction, l'ignorance, l'absence de force, le manque complet d'éloquence, sont les prérogatives des Sages appelés à conduire le peuple sans prétendre le gouverner (*Tao-teh-king*, chap. LIII, LVII, LXIV, LXV, LXXXI et pass.).

En proclamant l'Inaction comme un devoir de l'homme sage, les anarchistes japonais paraissent en somme n'avoir fait rien de plus que l'emprunt d'un mot au langage religieux des taoïstes et des bouddhistes; car, à l'instar de tous leurs compatriotes, ils font continuellement preuve d'une activité fiévreuse en réclamant toutes sortes de transformations dans l'état de la société au milieu de laquelle ils vivent et en revendiquant la nécessité d'accomplir d'innombrables réformes dans les mœurs, les coutumes et les institutions.

Contrairement à la doctrine des sectateurs du 大佛 *Daï-Bouts* ou *Hotoké*, qui proclament la nécessité de se livrer à la culture de la science et en particulier de celle des pitzéga-bouddhistes qui admettent que l'homme peut atteindre à sa Destinée suprême uniquement en faisant de continuels efforts pour aboutir à « la Connaissance », les anarchistes japonais soutiennent que l'étude ne peut avoir d'autre résultat que de farder l'esprit d'idées fausses, parce que nous ne pouvons rien savoir de réel et qu'en conséquence il vaut mieux ne rien enseigner aux enfants que de les conduire à l'école pour leur apprendre des mensonges. Les leçons d'histoire surtout n'aboutissent qu'à introduire dans les jeunes cerveaux des récits le plus souvent imaginaires, controuvés et trompeurs qui ne sauraient qu'atrophier la raison naissante, fausser le jugement et démoraliser le cœur.

Les Taoïstes anarchistes du Japon professent enfin que tout gouvernement, quelle qu'en soit la forme, ne peut accomplir que des actes néfastes, et que les crimes n'existent chez les peuples que parce qu'on a établi au milieu d'eux des juges et fabriqué des lois presque toujours injustes et intempestives.

SOCIÉTÉ D'ETHNOGRAPHIE

RECONNUE COMME ÉTABLISSEMENT D'UTILITÉ PUBLIQUE

par décret du 14 juin 1880

LISTE DES MEMBRES

BUREAU POUR 1902

Président :

PAUL GUIEYSSE (le professeur), député, ancien ministre.

Vice-Présidents :

LÉON DE ROSNY (le professeur).

CHARLES LEMIRE, résident honoraire de France.

Secrétaire-général :

CÉLESTIN PRET, ⑬, docteur en droit.

Secrétaire-adjoint :

ROGER DE CHATELEUX.

Secrétaire-archiviste :

EMMANUEL THUBERT.

Trésorier :

ÉDOUARD LECLÈRE.

LISTE GÉNÉRALE DES MEMBRES

POWELL, directeur du Bureau d'Ethnologie, à Washington (États-Unis)...... 1901
PRET (Célestin), ⑪, avocat...... 1885
QUESADA (Don Vicente), à Buenos-Aires (La Plata)...... 1864
RAFFÁLOVICH (Michel), à Enghien, Seine-et-Oise...... 1901
RAMBAUD (Alfred), de l'Institut, ancien ministre...... 1900
RECLUS (Élisée), géographe, à Bruxelles (Belgique)...... 1895
RÉGEL (le Dr Albert), médecin, conseiller de collège...... 1901
REINISCH, à Vienne (Autriche)...... 1877
RÉVILLE (le professeur Albert)...... 1888
RÉVILLOUT (le professeur Eugène)...... 1900
ROSNY (Ismaël DE), étudiant...... 1897
ROSNY (Mme Jeanne DE)...... 1895
ROSNY (le professeur Léon DE)...... 1859
ROY (Blaise), ingénieur, à Chéü, Yonne...... 1895
ROYER (Mme Clémence)...... 1865
RUFFIER (Louis-Lucien), artiste-peintre...... 1901
SALISBURY (Edw.), à New-Haven, Conn. (États-Unis)...... 1860
SARAZIN (François), à Kobé (Japon)...... 1864
SAWYER (Mme Jeanne L.)...... 1900
SCHLEGEL (le professeur Gustave), à Leide (Hollande)...... 1883
SELER (le prof. Eduard), à Steglitz-les-Berlin (Prusse)...... 1887
SÉON, à Marseille, Bouches-du-Rhône...... 1889
SEVERINI (le professeur Antelmo), Ⓐ, à Florence (Italie)...... 1866
SILVESTRE (le commandant), à Rochefort, Charente-Inférieure...... 1880
SIMADI (Mokuraï) à Tokuzi (Japon)...... 1873
SOLDI-COLBERT...... 1901
SOTOMAYOR (Damaso), à Mazatlan (Californie)...... 1894
STREBEL (Hermann), à Hambourg (Allemagne)...... 1883
SYLVAIN (Benito), à Adis-Abéba (Éthiopie)...... 1893
TASSET (Jacques), ⑪, élève de l'École des Hautes-Études...... 1890
TEXTOR DE RAVISI (le baron), ancien gouverneur de Karikal...... 1873
THOREL (le Dr Cl.)...... 1879
TOLSTOY (le comte Léon), à Toula (Russie)...... 1900

Tomassoni (Fernand), à Padova (Italie)....................   1881
† Urechia (Al.), Ⓐ, sénateur, à Bucarest (Roumanie)......   1875
Verrier (le Dr Eugène), Ⓐ, à Nice, Alpes-Maritimes   1885
Viennet (Joseph), élève de l'École des Hautes-Études......   1901
† Vidal (le Dr), à Mazère, Ariège.........................   1885
Villemereuil (le commandant de).........................   1875
Villers (Pierre de), Élève de l'École des Hautes-Études....   1898
Vincent (André), notaire................................   1885
Vinson (le professeur Julien)...........................   1864
Viollet (Paul), de l'Institut...........................   1889
Vogüé (le marquis Melchior de), de l'Institut...........   1859
Waddington (Charles), de l'Institut.....................   1890
† Weber (le professeur Albrecht), à Berlin (Prusse).......   1860
Youfroff (Wladimir de), Ⓑ, à Saint-Pétersbourg (Russie)..   1878
Yourievitch (Serge), attaché à l'ambassade de Russie.....   1901

Sociétés Correspondantes

Paris. — Société d'Anthropologie.......................   1860
Berlin. — Gesellschaft für Erdkunde....................   1882
Buenos-Ayres. — Instituto Geografico...................   1885
Bucarest. — Academia Romậna............................   1882
Florence. — Società di Antropologia e Etnologia....   1887
Genêve. — Société de Géographie........................   1861
Helsingfors. — Suomalaisen Kirjallisuuden Seura....   1884
La Haye. — Institut Ethnographique.....................   1890
Lyon. — Société de Géographie..........................   1898
Philadelphie. — American Antiquarian Society......   1878
        —   American Philosophical Society   1867
Rochefort. — Société de Géographie.....................   1889
Rouen. — Société Normande de Géographie..........   1882
Washington. — Smithsonian Institution..............   1865

SOCIÉTÉ D'ETHNOGRAPHIE
RECONNUE COMME ÉTABLISSEMENT D'UTILITÉ PUBLIQUE

PUBLICATIONS

I. — ACTES ET BULLETIN. — TOMES I A XXI.

Première série, 1859-86. — Dix vol. in-8°............. 120 fr. »
Seconde série, 1887-99. — Neuf vol. in-8°.......... 66 fr. »
Troisième série, 1900-1901 — (En cours de publication) »» fr. »

II. —MÉMOIRES. — PREMIÈRE SÉRIE. — IN-4° — TOMES I et II.

I. — Introduction, par CARNOT, président. — Mémoire sur l'infériorité des Civilisations précoces, par le Dr Gaëtan DELAUNAY. — Étude ethnographique sur les Bachkirs, par Wl. DE YOUFEROFF. — Les documents écrits de l'Antiquité Américaine, par Léon DE ROSNY. — Ethnographie de l'Amérique Antarctique, par P. DE LUCY-FOSSARIEU. — Ethnographie de l'Aquitaine, par Alph. CASTAING, 1881-85. — Un vol. in-4° avec 16 cartes et planches. 25 fr. »
II. — Les Antilles. Étude d'Ethnographie et d'Archéologie américaines par Lucien DE ROSNY, 1886. — Un vol. in-4° avec figures et 8 planches en noir et en couleurs................... 25 fr. »

III. — MÉMOIRES. — SECONDE SÉRIE. — IN-8°. — TOMES I A VII.

I. — Mémoires d'Ethnographie théorique et descriptive, 1896. — Un vol. in-8° (en cours de publication)............... 12 fr. 50
II et III. — Recherches ethnographiques sur les Serments, par Lucien DE ROSNY, 1891. — Deux vol. in-8° (en cours de publication) .... 25 fr. »
IV. — Mémoires du Congrès international des Sciences Ethnographiques. Session de 1878, 1881. — Un vol. in-8°... 25 fr. »
V et VI. — Traité d'Ethnographie générale et descriptive, par Léon de Rosny, 1895. — Deux vol. in-8° (en cours de publication)....................................... 25 fr. »
VII. — Mémoires du Congrès international des Sciences Ethnographiques. Session de 1889, 1892. — Un vol. in-8° (en cours de publication)............................... 12 fr. 50

La collection complète des publications de la Société d'Ethnographie comprend en outre les *Mémoires* de ses différents Comités, soit 81 vol. in-4° et in-8° (Voir les Catalogues spéciaux).

SOCIÉTÉ D'ETHNOGRAPHIE

COMITÉ SINICO-JAPONAIS

BUREAU POUR 1902

Président :

G. DE DUBOR, de la Bibliothèque Nationale.

Vice-Président :

LÉON DE ROSNY (le professeur),

Secrétaire :

CH. FAVART.

Secrétaire-archiviste :

EMMANUEL THUBERT.

Trésorier :

C.-A. PRET.

Commission administrative :

BOURGOINT-LAGRANGE.	MARTIN (Albert).
LESOUEF (Aug.).	RUFFIER (Lucien)
MARIN (Louis).	TASSET (Jacques).

PUBLICATIONS

DU

COMITÉ SINICO-JAPONAIS

PREMIÈRE SÉRIE. — TOMES I à X.

I-X. — Mémoires du Comité Sinico-Japonais. Paris, 1873-91. — Dix vol. in-8° avec planches, reliés.................................... 200 fr.

DEUXIÈME SÉRIE. — TOMES XI à XX.

BIBLIOTHÈQUE SINICO-JAPONAISE

XI. — Textes Chinois anciens et modernes, traduits pour la première fois dans une langue européenne, par *Léon de Rosny*. Paris, 1874. — In-8°, 12 fr.

XII. — L'Enseignement de la Vérité, ouvrage de philosophie Kôbau Daïsi, et l'Enseignement de la Jeunesse. publiés avec une transcription européenne du texte original, et traduits pour la première fois du Japonais, *par le même*. Paris, 1876. — In-8°...................... 20 fr.

XIII. — Extraits des Historiens du Japon, publiés par M. *Ima-mura Warau*. Paris, 1876. — In-8°............................... 20 fr.

XIV. — Les peuples orientaux connus des anciens Chinois, d'après les ouvrages originaux, par *Léon de Rosny*. Paris, 1881. — In-8°, avec 9 cartes coloriées... 6 fr.

XV. — Bibliographie du Taoïsme. par *D. Marceron*, Paris, 1898. — In-8°. Deux parties publiées.................................. 5 fr.

XVI. — Manuel du Sinologue, ou Recueil de renseignements utiles à l'usage des personnes qui s'occupent de la Chine et de la littérature Chinoise. Paris, 1888. — In-8°. Première partie............... 5 fr.

XVII. — Mélanges Japonais. — In-8°. Première partie.......... 5 fr.

XVIII. — Les Jugements de Pao-Koung, le Salomon de la Chine. Contes populaires, traduits du chinois. — In-8°. Première partie.. 3 fr.

XIX. — Mémoires du Comité Sinico-Japonais. Paris, 1894-95. — In-8°.. 8 fr.

XX. — Mémoires du Comité Sinico-Japonais, suivies de la *Table analytique* de la seconde série. Paris, 1896. — In-8°. — Deux parties publiées.. 4 fr.

TROISIÈME SÉRIE *(en cours de publication)*

XXI. — Mémoires du Comité Sinico-Japonais. Paris, 1893. — In-8°. Première livraison,.. 5 fr.

XXII. — Feuilles de Momidzi. Études sur l'histoire, la littérature, les sciences et les arts des Japonais, par *Léon de Rosny*. Paris, 1901. — In-8°, avec fig....................................... 7 fr. 50

INDEX DES NOMS CITÉS [1]

---

[1] Les noms européens en petites capitales sont ceux des auteurs dont la biographie a été insérée dans le présent volume.

Carus (Paul), orientaliste, 7, 20.

Chalmers (John), 47.

Charton (Édouard), directeur du *Magasin Pittoresque*, 19.

Chen Pou-haï, philosophe chinois, 52.

Chen-seng, philosophe chinois, 52.

Chen-tse. — Voy. Chen-seng.

Chézy (de), orientaliste, 19.

Chin-fou, commentateur taoïste, 42, 52.

Clopin (Camille), 18.

Confucius, instituteur chinois, VII, X, XIX, XXVII, 48.

Cottens (Victor de), publiciste, 22.

Deguignes, orientaliste, XII.

Delacourt (Albert), publiciste, 21.

DOUGLAS (Robert-K.), du British Museum, sinologue, 7, 170.

Dubor (Georges de), publiciste, 21.

Eckstein (le baron d'), orientaliste, XIII.

EDKINS (le Rev. John), sinologue, XI, XVIII, 9, 17, 175.

EICHHOFF (Frédéric), indianiste, 138.

Eitel (le Dr), sinologue, XI, 16.

Esvekoff, publiciste, 22.

FABER (Ernst), sinologue, 6, 7, 17, 59, 172.

Fou-chao-ming, auteur taoïste chinois, 43.

Fou-th'ou-tch'ing, samanéen, commentateur chinois, 43.

FOUCAUX (Philippe-Édouard), indianiste et tibétaniste, 161.

FRANCK (Adolphe), de l'Institut, philosophe, 15, 20, 159.

Frédéric, publiciste, 22.

Fudi-vara no Sei-gwa, philosophe japonais, 202.

GABELENTZ (Georg VON DER), sinologue, 7, 22, 142.

GABELENTZ (Hans CONON VON DER), mandchouiste et sinologue, 140.

GAUBIL (le P. Antoine), sinologue, missionnaire en Chine, 132.

BIOGRAPHIE DES SINOLOGUES JAPONISTES

ET AUTRES SAVANTS ADONNÉS A L'ÉTUDE
DE L'EXTRÊME-ORIENT

Liste des Portraits

TABLE DES MATIÈRES

FIN

Publications de M. D. MARCERON

SOCIÉTÉ D'ETHNOGRAPHIE

PUBLICATIONS

DU

COMITÉ SINICO-JAPONAIS

PREMIÈRE SÉRIE. — TOMES I à X.

I-X. — Mémoires du Comité Sinico-Japonais. Paris, 1873-91. — Dix vol. in-8° avec planches, reliés.................................... 200 fr.
Cette série est épuisée ; il n'y a plus en vente que des exemplaires d'occasion.

DEUXIÈME SÉRIE. — TOMES XI à XX.

BIBLIOTHÈQUE SINICO-JAPONAISE

XI. — Textes Chinois anciens et modernes, traduits pour la première fois dans une langue européenne, par *Léon de Rosny*. Paris, 1874. — In-8°, 12 fr.

XII. — L'Enseignement de la Vérité, ouvrage de philosophie Kôbau Daïsi, et l'Enseignement de la Jeunesse, publiés avec une transcription européenne du texte original, et traduits pour la première fois du Japonais, *par le même*. Paris, 1876. — In-8°...... .. .. 20 fr.

XIII. — Extraits des Historiens du Japon, publiés par M. *Ima-mura Warau.* Paris, 1876. — In-8°.................... .... 20 fr.
   Chaque partie séparément : 6 francs. Pour les membres : 4 fr. 50.

XIV. — Les peuples orientaux connus des anciens Chinois, d'après les ouvrages originaux, par *Léon de Rosny*. Paris, 1881. — In-8°, avec 9 cartes coloriées.. 6 fr.
   Cet ouvrage a obtenu le Prix Stanislas Julien à l'Académie des Inscriptions et Belles-Lettres.

XV. — Bibliographie du Taoïsme. par *D. Marceron*, Paris, 1898. — In-8°.. .... 10 fr.

XVI. — Manuel du Sinologue, ou Recueil de renseignements utiles à l'usage des personnes qui s'occupent de la Chine et de la littérature Chinoise. Paris, 1888. — In-8°. Première partie............. 5 fr.

XVII. — Mélanges Japonais. — In-8°. Première partie.......... 5 fr.

XVIII. — Les Jugements de Pao-koung, le Salomon de la Chine. Contes populaires, traduits du chinois. — In-8°. Première partie.. 3 fr.

XIX. — Mémoires du Comité Sinico-Japonais. Paris, 1894-95. — In-8°... 8 fr.

XX. — Mémoires du Comité Sinico-Japonais, suivies de la *Table analytique* de la seconde série. Paris, 1896. — In-8°. — Deux parties publiées.. .... 4 fr.

TROISIÈME SÉRIE *(en cours de publication)*

XXI. — Mémoires du Comité Sinico-Japonais. Paris, 1893. — In-8°. Première livraison.................................. 5 fr.

XXII. — Feuilles de Mômidzi. Études sur l'histoire, la littérature, les sciences et les arts des Japonais, par *Léon de Rosny*. Paris, 1901. — In-8°, avec fig............. .... 7 fr. 50

IMPRIMERIE E. DANGU, A SAINT-VALERY-EN-CAUX

9 782019 960728